JN088964

改革開放と
小売業の創発

移行期中国の流通再編

石 鋭

若い知性が拓く未来

　今西錦司が『生物の世界』を著して，すべての生物に社会があると宣言したのは，39歳のことでした。以来，ヒト以外の生物に社会などあるはずがないという欧米の古い世界観に見られた批判を乗り越えて，今西の生物観は，動物の行動や生態，特に霊長類の研究において，日本が世界をリードする礎になりました。

　若手研究者のポスト問題等，様々な課題を抱えつつも，大学院重点化によって多くの優秀な人材を学界に迎えたことで，学術研究は新しい活況を呈しています。これまで資料として注目されなかった非言語の事柄を扱うことで斬新な歴史的視点を拓く研究，あるいは語学的才能を駆使し多言語の資料を比較することで既存の社会観を覆そうとするものなど，これまでの研究には見られなかった溌剌とした視点や方法が，若い人々によってもたらされています。

　京都大学では，常にフロンティアに挑戦してきた百有余年の歴史の上に立ち，こうした若手研究者の優れた業績を世に出すための支援制度を設けています。プリミエ・コレクションの各巻は，いずれもこの制度のもとに刊行されるモノグラフです。「プリミエ」とは，初演を意味するフランス語「première」に由来した「初めて主役を演じる」を意味する英語ですが，本コレクションのタイトルには，初々しい若い知性のデビュー作という意味が込められています。

　地球規模の大きさ，あるいは生命史・人類史の長さを考慮して解決すべき問題に私たちが直面する今日，若き日の今西錦司が，それまでの自然科学と人文科学の強固な垣根を越えたように，本コレクションでデビューした研究が，我が国のみならず，国際的な学界において新しい学問の形を拓くことを願ってやみません。

第 26 代　京都大学総長　山極壽一

目　　次

序章

1960年代のアメリカと中国————

　第二次大戦後の繁栄を謳歌していた1960年代，アメリカの百貨店は，「都市の中で最も輝いているところ」，「商品ならどんなものでも揃っていて，あなたを待っている場所」と描かれた。人々は——白人も黒人も，移民であっても——そこで贅沢品を購入し，百貨店の側も，都市生活を演出した様々な架空のシーンを作り出して商品販売を促進した。たとえば当時名を馳せたコメディ俳優マルクス兄弟は，ある百貨店のラグジュアリー家具売場をパレードし，滑稽なまでに未来社会を演出した電動で上下に動く新型ベッドを紹介した。百貨店は自前のラジオ・ステーションまで作って，そうしたイベントとブランドを紹介した（Howard, 2015: 137, 151）。

　一方，中国の百貨店では，当時『人民日報』に掲載された写真をみると，店員と顧客の間はガラス製のカウンターに仕切られ，商品は店員の後ろの棚に置かれている。つまり消費者は自由に商品に触れることさえできなかった。棚に並んでいるのは洗面器やタバコといった日常生活用品[1]。店員が仕事中に新聞を読んだり将棋を指したりすることもしばしばで，客が探しているものが見つからずそれを店員に尋ねると，「ないっ！」と目も合わさずに返事をされることもしばしばだった（上海社会科学院, 1981, 296）。

2

半世紀後，2019 年のアメリカと中国――――

　アメリカでは，消費者の低価格指向と大衆消費社会の発展の中で，郊外の
ディスカウントストアやアウトレットモールが消費の中心的な場となって
いった。通信販売も拡大したが，そこで購入した商品は自宅に配達されるま
でに 1 週間かかることも多く，スーパーマーケットは依然として日用生活品
の主要な購入場所である。ところで百貨店はといえば，「消費の宮殿」(Palace
of Consumption, Howard, 2015: 1) としての立場を失い，古くからの商業中心
地に取り残された，古き良き時代を懐古させるだけの小売店とみなされるよ
うになった。

　一方，中国では，人々は百貨店はもちろん，スーパーマーケットの店舗で
日用品を購入することさえ，ほとんどしなくなっている。店まで車で 15 分
しかかからないような場合でも，人々はスーパーやタオバオ（淘宝網，ｅコ
マースサイト）のアプリから，洗剤はおろか生鮮食料品までをも注文し，商
品は 1 時間以内に自宅まで配達される。店頭の冷蔵倉庫から直接納品される
のであるから，店頭で選んだ生鮮食料品より鮮度が高いのが普通である。か
つて百貨店が主要な購入場所であったアパレル製品も，ブランド店舗が百貨
店から撤退しオンライン店舗が開店することで，消費者はスマートフォンで
ブランドの洋服を購入するようになった。

＊　　　　＊　　　　＊

　製造業ならば，十分な施設と人材さえ整えることができれば，工場を海外
に移しても国内と同じ製品を作ることはできる。しかし，1960 年代のアメ
リカの百貨店を中国に移しても，中国では，アメリカと同じような軌跡で百
貨店が成長することはなかったであろう。なぜか？流通業，特に小売業は，
多種多様な商品に関わる流通という機能，価値連鎖の特定の部分が，社会的
分業の形で産業部門を形成したものである。そして，黒澤隆文らが言うよう
に，「社会構造や分業の形態は社会によって様々であり，他方，社会的分業
のあり方は社会の構造そのもので，有形の商品や技術的知識とは異なりそれ
だけを切り出して他地域に移植・移出するのは困難である。こうした産業で

1) 「在北京東四百貨商場里」『人民日報』，1963 年 9 月 28 日；「国営第一百貨商店的櫃
　台布置」『新民報』（晩刊），1953 年 9 月 29 日。

は，地域間の差異は大きい」（黒澤・西村，2016，16）。したがって，流通業，特に小売業は，地域的（国家的）な差異が手に取るように観察できる分野なのである。

　地域間の移植・移出が困難であるという産業特性は，各地域・各国における小売業の内発的で創発的な革新のための条件を提供する。すなわち，小売業をある地域（や国）に外部からそのままに移植するのは難しく，外部のモデルを原型として革新するか，新しい小売形態を創出しなければならない。小売業を対象に，国外からの知識移転，地元の条件に規定された創発的なプロセス・革新の有無を問う意味が大きい理由はここにある。

　本書は，流通・小売の変化を，急激な経済成長の中で変貌しつつある中国に焦点を当てて，歴史的な観点で探った試みである。なぜ中国なのか。前述のように，中国での流通の変化は凄まじい。アメリカでは，アマゾンなどのオンライン・ショッピングを含む1世紀近くをかけて継起的に登場した各種の業態が，中国では，改革開放後40年間の短い間に互いにせめぎ合うようにして出現した。キャッシュレス決済の普及度の高さとオンライン・ショッピングの拡大などの小売業の変化の原因を，単にIT技術の進歩といった要素に求めるのは誤りである。今日の状況に至るまでの長い過程，そしてその過程に作用する様々な要素を見る必要がある。中国では，新中国の成立以降，市場経済から計画経済体制への転換，約30年間の計画経済体制，そして計画経済から市場経済への移行と，経済体制の二回にわたる転換を経験した。市場経済への移行には対外的な開放が伴い，しかもこれは，東欧諸国など他の旧計画経済国等と異なって，漸進的な改革によって行われた。この特殊な背景のなかに，しかし，小売業に普遍的な成長と衰退のパターンを見ることができるのである。

　改革開放後の中国では，産業の発展は著しい後発性から出発した。後発的な出発点からスタートした産業の成長が，先発国の特定のモデル，技術・知識，制度の移植を基に進んだ例は多い。1968年，ガーシェンクロンは，経済発展における後発性の利益について理論化した（Gerschenkron, 1968）。その後，アジアの後発諸国の事例に基づいて「キャッチアップ型工業化」を概念化した末廣昭は，「後発であるがゆえに，先発工業国がすでに開発し使用

4

しているさまざまの技術や知識の体系を利用できる優位性」をもち，その優位性をいかに顕現させるかが後発国の諸アクターの課題となると指摘している（末廣，2000, 5）。さらに，台湾のノートPC産業を分析した川上桃子は，末廣らの研究も踏まえて，台湾企業の能力構築を「圧縮」された産業発展の過程として位置づけている（川上，2012）。

　では，後発性を持つ国の様々な産業発展の中で，地元の条件に応じた創発的な行為と革新は存在したのだろうか。後発的な出発点からスタートした中国における小売業の業態変容は，どのように進んだのか。中国に関する先行研究の中からは，中国での産業の成長と国外からの技術・知識移転について，2つの異なった見方が浮かび上がる。1つは，技術導入などの国外からの移転の側面を重視する見方であり，もう1つは，むしろ国内企業の役割を重視する見方である。前者においては，中国の技術進歩は主にキャッチアップ型であるとしたうえで，先進国の技術を基にしつつも，さらにこれを改変して発展に繋げることが強調される（丸川，2013）。またこうした見方では，当然ながら外国からの直接投資や多国籍企業の役割，技術導入における政府の政策指導の役割が重視される（堀井，2013；湯，2016）。一方，後者においては，国内系の私営企業[2] の役割が注目される。例えば王らは，技術革新においては外国からの直接投資による技術導入よりも，中国の私営企業の役割の方が重要であり，新技術を生み出して中国の産業成長を支えたのはこれらの企業であったと指摘している（王・頼・柒，2010）。

　2) 「私営企業」と「民営企業」は本書が扱う問題においては，実質的に同義語である。共産主義における私有制批判のために，新中国の成立初期には，中国政府や一般民衆は，私営の語を避けて民営企業の語を用いた。これが定着し，民営の語は今日でも多用されている。ただし，官公庁統計や法律では，「私営」を公式には用いている。学術界でも「民営」の語が多用されており，「民営化」「民営企業」とする研究が圧倒的に多い。本書では，企業の所有制を論じる場合や，国営・国有，外資などとの関係で対義語的に用いる場合，および，統計上の名称として言及する場合には「私営」を用いる。それ以外においては，中国の慣例に従い「民営」を用いる。また国営（国有）企業を私有に基づく私営企業に改組すること（売却によるものを含む），および，国営企業を国有形態を残しつつも経営自体は民間に委託することを，「民営化」と表現する。

　いずれの立場にしても，中国に関する先行研究のほとんどは製造業に焦点を当てており，流通と小売業について論じたものは少ない。では，中国の小売業は，キャッチアップ型の発展プロセスを辿ったのだろうか，あるいはむしろ，地元の条件に応じた創発的なプロセス・革新があったのだろうか。この問いに答えることが，本書の課題である。

　改めて課題をまとめると，本書は，中国において，経済体制の改革と市場状況の変化の中で，流通産業がどのように再編されたのか，それによって小売業がいかに変容したのかを考察する。またこの変容の特質とともに，それによって成立した小売業業態の特徴を明らかにする。

1．業態の成立と発展への着目

　本書は「業態」に着目しつつ，流通産業，とりわけ小売業について検討する。

(1) 業態（retail format）の定義
　業態という言葉は，小売業だけでなく世界中で広い範囲で使われている。『広辞苑』は「営業や企業の状態・形態」と定義するが，状態と形態はそもそもものの形を描く言葉であり，分類のために人為的に定義されたものである。生産，調達，販売などのバリューチェーンの様々なプロセスでこの言葉を使うことができる。

　小売業の「業態」については多様な議論がある。最も一般的なのは，業種，品揃え，店舗規模，立地，販売方法，付帯情報・サービスなどのそれぞれの要素を特定の形で組み合わせた戦略（「小売ミックス」）によって決まるものと捉える見方である（矢作，1996）。

　また「業態」の語が使われる際の視点を明示的に論じたものとしては，食品スーパーを1つの業態と捉えてその誕生を論じた石原による整理がある。石原は，1980年代頃から「業態」概念が多用されるようになったとし，「業種」と「業態」について，前者を小売商が「何を取り扱うか」による分類，後者を小売業が「いかに取り扱うか」という側面からの分類と整理している。

石原によれば，「いかに」の問題は，商品の取り扱い技術や小売業の経営技術に及ぶのであり，業態については，「店舗レベルでいえば，少なくとも取扱い商品のひろがり，設定する商圏のひろがり，生産機能へのかかわりという 3 つの側面から，そして企業レベルでいえばこれに多店舗展開へのかかわりを含めて」議論することが必要である（石原，2000，183-185）とされる。また世界的にも先駆的な研究者であるマックネァーらは，後述の retail format ではなく retail institution の語についてではあるが，これを「商品をいかに取り扱うか」の分類と捉え，同一もしくはほぼ同種の商品についての小売流通機能を果たす上で方法を異にするもの，と定義した（McNair and May, 1976）。

これに対して，「業態」概念の変遷や類型を整理した坂田は，技術に焦点を置いた議論や業態の相違を前提にしてそこから競争を分析する議論を批判しつつ，「業態」が競争過程を分析するための概念であることを強調する。「小売業の競争過程の中から生じた小売商どうしの『差』こそが小売業態に他なら」ず，「何が小売業態間の『差』を規定できるのかは競争を通して事後的に判断される」というのである（坂田，2002，63-64）。

本書では，坂田の捉え方を踏襲する。競争過程の中で企業間に差がつくとすれば，その要因は，部分的には品揃え，立地，販売方法などの個々の要素であろう。しかしそれらの要素のいくつかが既存の「業態」の典型的な場合と異なるからといって，それを別の業態とするならば，無数の「業態」が存在することになり，有効な分析概念にはならない。むしろ，そうした要素の組み合わせを可能にする特定の事業の仕組みの有無に着目すべきである。そうした仕組みが競争過程に関する分析から浮かびあがるならば，その仕組みによる複数の企業や事業活動を 1 つの「業態」と捉えられるであろう。

例えば本書の分析対象の 1 つである生鮮品という品揃えの柱を支えるのは，品揃えの裏にある仕入れの仕組みや物流の仕組みであり，単に生鮮品を品揃えの柱とするだけでは，一業態として成立したとすることにあまり意味はない。よって新たな業態と捉えるべきか否かは，既存業態とは異なる事業の仕組みがあるか否か，そしてそれがそうした仕組みを持つ企業の競争力の源泉になっているか否かによって判断されるべきである。

(2) 世界の小売業態の起源とその研究史

　小売業態という日本語は，学術的な著作に限らず小売に関する報道の中で
も日常的に使われているが，英語でおおよそこれに相当するのは，retail
format, retail business format, retail type, type of retail である。このうち
retail format の語は 1970 年代頃から用例が増え始め，1980 年代から盛んに
用いられるようになった。

　日本語での「業態」に相当するこれらの概念は，小売業の形式が単純なも
のから複雑で多様なものへと変化する中で，その分類の必要から生まれたも
のである。したがってその語源は，小売業態の多様化が最も早く進展した地
域・国に遡る。百貨店やスーパーなどの近代的小売業態が登場する以前に
は，店舗なしで品物を持ち歩いて売る小売方式（peddling）や，特定の種類
の商品を中心に販売する店舗（今日は専門店と定義される）などの伝統的な小
売業が存在した。19 世紀のヨーロッパやアメリカにおける百貨店の登場は，
近代的小売業態の発端であり，その後アメリカではスーパーマーケットなど
の新しい業態も現れ，業態の多様化が進んだ。言説上どこで最初に使われた
か，証拠として示せるような記録はないが，業態（format）という言葉の起
源は以上の地域・国だと推測して間違いないだろう。

　研究上の小売業態論も，まずはこれらの国で登場した。ハーバードビジネ
ススクールのマックネァー（McNair, 1958）の「小売の輪」はその最初の研
究とみなされ，そこでは「retail institution」という言葉も用いられている。
その後，多くの研究者が彼の仮説を検討し，米・欧において小売業態論は重
要な研究主題となり，多くの研究者が業態（retail format）の成立と発展に
ついて論じてきた。これらを整理したブラウン（Brown, 1987）は，そのアプ
ローチによってこれらを循環理論，環境理論，衝突理論に分類している。こ
のうち循環理論について，渦原（2007）は，「業態変化は周期的に起こり，
最初のパターンが繰り返されると説明する理論である」としている。循環理
論を採用する研究者は多く，先述したマックネァー（McNair, 1958）の「小
売の輪」仮説[3] が代表的であるが，その他，ニールセン（Nielson, 1966）の
「真空地帯仮説」[4]，ホーランダー（Hollander, 1960）の「小売アコーディオン
仮説」[5] も知られている。環境理論とは，小売業態の変化を市場の経済的，

人口統計的，社会的，文化的，法律的，技術的環境条件の変化で説明する理論である（趙，2009，172）。例えば，ワディナンビアラッチ（Wadinambiaratchi, 1972）やバックリン（Bucklin, 1972）らは経済発展と小売構造の関係を説明している。衝突理論は小売の変化を旧業態と新業態との衝突，ダイナミックな相互作用として捉えて論じるものである（Guy, 1980; Jones, 1979）。

　日本では業態という言葉は1950-1960年代の流通革命の中で，スーパーマーケットなどの新しい小売業の成長に伴い登場した。また，小売業態論の発端は荒川（1962）にまで遡ることができる。荒川は「小売商業競争の解明において現代独占資本主義下の各個別小売商業資本の質的多様性をどう組入れてゆくかは今後の重要な課題でなければなるまい」と述べ，「質的多様性」すなわち小売業態は小売業における競争を分析するために必要な概念と示唆している。1980年代から「業態」という概念が小売業分析の中で多用され，小売業の研究では「業種から業態へ」という流れが強くなった。日本の多くの研究者は，米欧で展開された小売業態論を批判して問題点を指摘した（白石，1977；向山，1985，1986；兼村，1993；小川，1993；笹川，1994；坂川，

---

3)　加藤（2014）は「小売の輪」仮説の内容を以下のように整理している。「新規参入する小売業態は既存業態に比べて，簡素な店舗と低サービスによる営業コストの削減と粗利益率の引き下げを通じて低価格を実現し，既存業態を駆逐することになる。しかし，やがて既存業態が駆逐され，また新業態を模倣した企業が参入し始めると，同じ業態内での競争が展開される。新旧の異なる小売業態間での競争においては価格が重要となるが，同じ業態内での競争においては店舗，サービス，取り扱い商品の高級化といった格上げが行われるために，営業コストが増加し，それを補うために利益率の引き上げが行われることになる。かつての新業態も高サービス・高価格の体質に転換するや，次の新しい小売業態の価格競争の脅威にさらされやすくなり，こうして次々に既存の業態が新業態に代替されていくプロセスが絶えず繰り返されることになる」。

4)　ニールセンは，消費者による評価を取り入れ，消費者が最も評価している業態の品揃え，価格，サービス水準に接近しようとする動きが現れていると仮定する。また，サービスが増加するほど価格が高くなると仮定する。消費者の選好曲線で見た場合，低価格・低サービスと高価格・高サービスの両端ゾーンに「真空」が生じ，ここから革新者が参入するという仮説を主張した。

5)　ホーランダーは，商業の発達史から見て，よろず屋→専門店→百貨店→ブティック→スーパーというように，商品ラインの総合化と専門化の繰り返しが起きていると主張した。

1997；近藤，1998；青木，1999；坂本，2001；竹内，2001；鳥羽2001）。その中
では，一業態の生成・発展の中で，国境を超えてモデル・技術などが移植さ
れる現象について，前述の循環理論，環境理論，衝突理論に共通する問題点
が指摘された。すなわち，米欧の既存研究においては，小売業態に関する知
識の国際的な移転が考慮されておらず，仮説として不十分であるという点で
あった。とりわけ新しい小売業態が登場する際にはこれが重要になる。

　中国でも1990年代にウェアハウスストア，スーパーマーケットなどの新
しいタイプの小売店の登場によって小売業の多様化が進展したのに伴い，
「業態」の語（「业态」。簡体字であるだけで日本での「業態」と同一）が使われ
るようになった。国外の経験と研究の視点から学ぶために中国の研究者は日
本の業態研究に注目し（たとえば，邢，1995），そうした中で業態という言葉
も日本での用語法が採用されて外来語として定着したものと推測される。政
府による公式文書でもこの概念が採用され，定着を促進した。その最初の例
は，中華人民共和国商務部（経済と貿易を管轄する行政部門），国家質量監督
検験検疫総局（輸出入物品の品質監督部門），国家標準化管理委員会（国家標
準化団体）が2004年に公表した『零售業態分類』（小売業態分類，具体的な分
類は後述）である。その後定着した用法によれば，「小売業態」は，店舗内
の品揃え，店舗立地，店舗規模，店舗形態，価格政策，販売方式，サービス
による分類である（蕭，2004，32）とされており，日本での用法とほぼ同一
であるといえよう。ここでは小売業が以下の17業態に分けられている。す
なわち，大型スーパー，スーパー，ウェアハウスストア（「倉儲会員店」），百
貨店，食品雑貨店（「食雑店」），コンビニ，ディスカウントストア（「折扣店」），
専門店，専売店（特定のブランドの直営店），家具建材店，ショッピングモー
ル，ファクトリー・アウトレット・センター（「廠家直銷中心」），テレビ通販，
郵便通販，ネット通販，自動販売，電話通販である[6]。

　本書は改革開放後の小売業態の成立と発展・進化の過程を，その前史も含
めて考察する。石井・向山らは，誰かがある業態ないしはビジネスモデルの

---

6)　このうちショッピングモールと通信販売は他の範疇の業態のプラットフォームであ
　るという点で，他の範疇とは性格が異なる。統計上，このずれがどう処理されている
　かは確認できない。

コンセプトを思いつくという現象は，それ自体は多くの場合偶然であり，ビジネスモデルとしての成立もまた偶然的であるとする。業態の誕生はむしろ，その偶然のビジネスモデルを支えるインフラの成立によって定義されるとしている。このインフラは市場メカニズムの働きの下で企業家が自然に集まってできることもあれば，また誰かが意識的に努力して初めてできあがることもある（石井・向山，2009，4）。この理解を念頭に，本書では中国について，コンセプトの登場，ビジネスモデルとしての成立，そして何よりも業態のインフラの成立に着目しつつ，これらが，いつ誰によってどのような状況下でなされたのかを明らかにする。その上で，これも石井らの視点にならい，業態の誕生以降の発展・進化の中でのこれらインフラの変化，インフラの構成要素の発展をも視野に入れる（石井・向山，2009，4）。

　中国の研究者による小売業態論でも，小売業の発展過程や変化のメカニズムは研究者の関心を集めてきた。その柱は，（1）消費者行動論，（2）経営学，それに，（3）上記の小売業態理論を用いて様々な将来予測を行う研究である。（1）の代表例は晏（2003）であり，その研究では消費者選好の視点から，小売サービスへの需要は小売業態の変容に影響を与えるとする。（2）の例としては朱（2009）が挙げられる。朱は，組織能力の視点から何が業態変容の動因なのかを研究し，企業家による利潤の追求が小売業態の革新と変容をもたらしたと論じる。（3）に分類される研究は，1990年代末から2000年代半ばの時期の商業研究にみられる（流通創新理論与対策研究課題組，2003；呉，1999；肖，2001等）。理論に基づき将来予測を行うこの種の研究が盛んになった背景には，1990年代，中国では多くの新興業態が現れ，業態の多様化が進み始めたという事情があるだろう。そのうち一部の研究者は，欧米で提唱されたこれらの理論や仮説を用い，将来予測や政府への政策提案を行った。例えば，肖（2001）は百貨店に代わりチェーンストアが主要な小売業態になること，ｃコマース（電子商取引）は大きな成長を遂げたがオンラインストアだけでは成長は難しいこと，各業態の集合体であるショッピングモールが現れることを予測した。一部の研究は，中国の業態の分析ではこれら外国起源の理論には限界があり，中国の状況に応じて理論を構築する必要があると指摘した。例えば，この問題に取り組んだ全国的研究チーム（流通創新理論

与対策研究課題組，2003）は，ノース（North, 1990）にも依りつつ，制度変遷の要素を考慮に入れて中国業態の変化を検討すべきであると論じた。

　以上の研究史から言えることは，業態とは，単一の要素ではなく，多様な要素によって論ずるべきものであると同時に，個別事象ではなく，そこに通底する「構造」へ着目する概念だということである。研究上も実務においても，重要な分析視点であることが理解されよう。

　業態という視点は，より広く経済・社会の歴史を検討する上でも有効な視点である。というのも，「特定の社会における歴史的・社会的・経済的諸条件の変化を活用し，対象とする消費者の欲求する経営諸戦略の組み合わせを創出し，しかも消費者に受け入れられるイメージにまとめあげ，消費者に伝えるという企業行動によって」（鈴木，2010, 165）新しい小売業態が生まれて成長していったとするならば，新しい業態の登場や既存の業態の変化，あるいは多様な業態の間の関係の変化から，一社会の歴史的・社会的・経済的な変化と消費の変化が捉えられるはずだからである。加えて，業態は小売企業の経営者が創出したものであり，企業の創発的な行為と過程を考察する上でも，業態は重要な鍵となるだろう。

(3) 世界の百貨店業態とスーパー業態

　業態という視点に着目する場合，最も注目に値するのは，百貨店とスーパーである。百貨店はこの変容の出発点において最も重要な存在であり，かつ 19 世紀末にも遡る長い前史を有する。よって計画経済から市場経済への移行や，小売業の近代化の過程の全体を捉える上では，百貨店は不可欠の分析対象である。他方スーパーは，これに比して比較的新しい存在であるが，とりわけ食品など国ごとの消費生活の相違を反映する商品を扱う業態でもあり，中国における変容の一般性と中国独自の要素を検討する上で，格好の存在である。本書では特に，こうした視点に基づき，中国の社会的・文化的条件を色濃く反映した生鮮スーパー業態に着目する。

　本節では，世界の百貨店業態とスーパー業態に関する先行研究に触れながら，百貨店とスーパーの歴史を概観する。

①百貨店業態

　世界的には，百貨店は 1852 年にパリに発足したボン・マルシェに遡ると
されている。そして 19 世紀後半には，欧米各国に百貨店業態が広がった。
フランスにおける百貨店の出現は，産業革命による大量生産に伴い，大量流
通に対応した小売形態が求められるようになり，まずは様々な新しい専門店
が成立したことと関わっている。その後，専門店，すなわち特定のジャンル
の商品を中心に販売する形とは異なった，多くのジャンルを取り扱う店舗が
生まれた（Miller, 1981: 33）。百貨店業態史に関するここ 40 年あまりの研究
のうち，英語によるものの大半は，19 世紀半ばから 1930 年代にかけてのフ
ランス，アメリカ合衆国，イギリスに焦点をあて，各国における百貨店業態
の成立と成長を検討したものである。「高いレベルのサービス，良質なショッ
ピング環境，高級品と流通コストの高い商品の販売を基に成立した」
（Howard, 2015: 171）百貨店業態は，これらの研究では近代消費文化を支えた
重要な存在とされており，近代化，ナショナリズム，大衆消費市場の成長，
消費社会の成立に重要な役割を果たしたと考えられている（Abelson, 1989;
Bill, 1995; Howard, 2008, 2015; Iarocci, 2014; Miller, 1981; Klassen, 1992）。またハ
リス（Harris, 1979）とベンソン（Benson, 1986）は，この時期の百貨店を対象
に，企業家，その家族，店長，販売員の 4 者の役割に焦点をあてた。企業家
の創発性と経営能力は百貨店の業績を左右し，企業家家族の出資と店舗運営
は企業家の経営活動の成功に影響を与えた。店長は財務と在庫管理の近代化
を進め，商品部門を整備・改善し，陳列の方法と設備を開発した。また売場
運営を改善し，百貨店バイヤーの仕入れ力だけに頼った運営を改め，バイ
ヤーたちの影響力を抑制した。また，ベンソン（Benson, 1986）は女性店員
にも注目した。百貨店は女性店員の福利厚生を改善し，トレーニングプログ
ラムを設け，昇進の機会を提供し，人事政策を巧みに用いてはマーケティン
グで成果を挙げた。

　その後，百貨店はロシア，カナダ，日本，南アメリカ，英連邦内の自治領，
中国などにも登場し，これらの国でも都市化と近代化に貢献した（Belisle,
2011; Hilton, 2004; 菊池，2012; Pasdermadjian, 1954; Santink, 1990）。先行研究は，
これらの国における百貨店の成長が，上で挙げたような先行国から大きな影

響を受けたことを指摘する。ニュージーランドの百貨店はセールスマンシップにおいてアメリカの百貨店の影響を受けていた（Roberts, 2003）。日本の百貨店の成長は日本の西洋化と密接に関連していた（藤岡, 2006）。呉服店から生まれ，新しい品揃えの提供で成長してきたという点で，日本の百貨店の成立はやはり服飾生地（drapery）の販売に起源を持つイギリスにおける百貨店の成立と類似している（Fujioka and Stobart, 2018）。

　本書が研究対象とする中国では，租界の登場に伴って19世紀の末に外資系の百貨店が開店し，租界の外国人を主な顧客層とした。これら外資系百貨店に関する研究は少ないが，20世紀前半までの上海では有力であったと考えられる。他方，20世紀に入ると，オーストラリアで財をなした華僑の一人が，1918年に華人系では初めてとなる百貨店を上海に設立した（永安百貨）。他にも3つの華人系の百貨店が，オーストラリアから戻った商人らによって上海に設立された（先施百貨，新新公司，大新公司）。これらの百貨店は，国外の経営手法を導入しながら，地元の取引慣行・文化的価値観と西洋の経営モデルを融合し新しい組織・戦略を作り上げた（Chan, 1996）。

　百貨店が店舗を置いた高層ビル，百貨店のショーウィンドウやネオンサインは，当時の上海の資本主義商業文化を象徴し，単に商品を宣伝するだけでなく，小売店としての信用を高め，さらには上海の都市化において役割を果たした（菊池, 2012）。百貨店の店員は憧れの的であり，都市化の中で百貨店の店員はその数を増やしていった。しかし同時に，店員数の増加は，職場での競争を激しくさせ，雇用における不安定性から，社会運動に参加する店員もあった。また，高級品と高所得層の生活に接した女性店員の中には，生活スタイルが変わってしまい，贅沢三昧の結果，多くの負債を抱える者もいたという（巴, 2012）。こうした女性店員に焦点をあてた研究の中には，上海で働く彼女らの多くが広東省・江蘇省・浙江省の出身者であり，容貌やスタイルで憧れの対象となったものの，実際には生計に追われていたという女性店員像を明らかにしたものもある（綦, 2015）。しかし，1920年代から1940年代にかけての政治経済の動乱は，これらの華人系百貨店の成長を減速させた（菊池, 2012）。

　第二次世界大戦後，世界の百貨店業態は，戦後の復興と消費の拡大，大戦

14

中に失われていたファッション性の再構築，都市開発の推進などに影響を及ぼした。たとえば，アメリカの百貨店は戦争によって長い間中断していた「拡張と近代化」の道へ戻り，大型百貨店は都市再開発の柱となった（Howard, 2015: 132-133, 155, 171）。ロンドンの百貨店は店内装飾・商品展示の改善など視覚的なマーチャンダイジングに投資し，ファッション界での優越的な地位を再構築した（Bide, 2018）。

　しかし中国の百貨店は，この同じ時期に，経済体制の転換によってこうした流れから大きく離れていった。すなわち，それ以前の百貨店業態とは異なる，計画経済体制に応じた新しい経営体制を構築したのである。計画経済体制は，生産，流通，投資などにおける資源配分を市場のメカニズムに任せるのではなく，国家の計画によって制御しようとした。既存の民営百貨店は「社会主義改造」によって公有制となり，新しい国有百貨店も成立した[7]。本書第1章で検討するように，計画経済体制の下での中国の百貨店は，低価格の商品から高価格の商品まで様々な種類の商品を取り扱い，アパレルとその生地の主要な小売店であったが，社会主義建国の以前に有していたような，ファッション界での優越的な地位，良質なサービス，高級商品の販売などの特性を失った。詳しくは第1章で述べるが，たとえば，当時の北京市百貨大楼の広告には，「低価格商品をたくさん揃え，一般大衆の日常生活需要を満たす」と記されている。

　1978年に始まる改革開放の後，百貨店では市場化に向け改革が始まり，近代化が進んだ。改革開放後の百貨店の歴史に関するまとまった学術図書は中国でもみあたらないが，いくつかの論文が発表されている。2005年以前の研究は，百貨店の将来の成長に向けて提言を行い，百貨店の多店舗展開とプライベート・ブランド（PB）商品の開発の重要性を指摘している（たとえ

---

7) 1984年10月に公表された「中共中央関与経済体制改革的決定」により，企業の経営自主権が拡大し始めた。それに伴って，企業の所有権と経営権の分離が進み，それにより，国が所有権を持つものの，企業として自主的な経営権を持つ「国有企業」が登場した。それ以前の企業は，むろん国有ではあるが，経営についても国家が直接にこれを行っていた国営企業である。一方，私有企業は例外なく私営企業であったから，「私営企業」の語で総称することができる。

ば，李・王，1997；洪，2002）。その後の研究においては，百貨店の「聯営売
場運営形態」（詳細は第5章）の合理性についての議論が多く，改革の産物で
ある聯営売場運営形態が，かえって高い流通コストと長い流通ルートをもた
らしており，したがって「自営売場運営形態」に戻ることが必要だと主張さ
れている（たとえば，宋，2017；李飛，2010）。

　再び世界的な研究動向に目を戻すと，ごく最近の研究では，欧米に関して
も日本についても，百貨店の衰退に焦点が当てられている。小売業における
規模の追求，低価格や郊外での大量消費を好む消費者の傾向，そして，店舗
のチェーン展開や自動車利用，ショッピングモールやディスカウンターに
とって有利な政府の政策，こういったことのすべてが，百貨店をはじめとす
る地元の小売店と，コミュニティーが持っていた地元意識の喪失をもたらし，
そうした中から，「ウォルマート的世界」が登場したのだと論じた（Howard,
2015: 218）。また藤岡（2016）は，日本の百貨店の衰退の一因を，百貨店と
「百貨店アパレル」の関係のあり方に求めた。日本では，1970-1980年代に
おいて，百貨店が取り扱うアパレル品は，「百貨店アパレル」と称される卸
売商によって供給され，かつ，百貨店に委託する形で販売された。百貨店は
これによって売れ残りリスクを軽減しながらも価値連鎖の中で支配的な地位
を占めた。しかし，グローバル化の中で，2000年代からファスト・ファッ
ション[8]と卸売商の間の競争が激化し，百貨店もその影響を受けた。かつて
卸売商に商品を提供した中国企業は，小ロットで品質に厳しい日本の卸売商
とのビジネスを避け，大ロットで調達するファスト・ファッションへの供給
に活路を見出した。一部の中国生産者は労働コストが高いアパレル産業から
撤退し，他の業種に転換した。

　中国でも，1990年代末から百貨店の衰退が始まった（詳しくは第5章で検
討）。高級品や良質のサービスを提供し高マージンを得るそれまでの百貨店

---

8)　ファスト・ファッションは「自ら直接デザインに投資をしていないが，世界的な
　　オートクチュールブランドのファッションショーで人気となったデザインを参考に，
　　自らの顧客に適した商品へといち早く編集し，標準化された商品を世界中の数百店舗
　　で販売する」（藤岡，2016，98-99）。例としてあげられるのはZARAとH＆Mであ
　　り，両社は短サイクルで大量の商品を扱い，効率的な生産システムを構築した。

16

業態の特性を計画経済期には失っていた中国の百貨店であるが，1978年からの改革開放政策によって市場化が進む中で，かつて有した百貨店業態の軌道へと戻り始めた。しかし，そのわずか20年後となる1998年にアパレル小売業におけるシェアで42％に達したのを最後に，百貨店はそのシェアを急速に落としてゆく。しかし，これまで商業誌，新聞，一部の研究論文の中で百貨店の衰退の原因が列挙されてはきたが（たとえば，呉，2000），この衰退のプロセスに関する学術的な分析は非常に少ない。

　いうまでもなく，中国における百貨店業態の成長と衰退は，他国とは異なる背景——計画経済から市場経済への移行——の中で進んだ。このような特殊な制度的背景は，改革開放後の百貨店がわずか20年後には衰退の局面へと転じた原因と言えるのだろうか？それともその衰退は，アメリカや日本と同じ原因によるものなのだろうか。

　第5章で分析するように，百貨店の販売シェアの低下が始まった1990年代末の時点では，中国の地方都市は依然として市場化のただ中にあり，市場化における主要な課題，すなわち経営自主権の確立，市場競争を前提とした経営体制の構築，流通システムの改革などが行われていた。その意味では，いまだ近代化も市場化もその途上にあった。ウェアハウスストアなどの新しい業態が1990年代半ばから現れたが，1990年代末までは，業態間の競争はなかった。店舗のチェーン化も始まったばかりであり，また大手外資系小売商が中国でビジネスを始めてから数年しか経っていなかった。消費者にとっては，選択できる業態と小売店は依然として少なく，消費者主義なども存在しなかった。中国における都市化は1980年代に始まり，そのスピードが速まったのは1990年代から2000年代にかけてのことであるが，自動車普及率が依然として低い（1999年には100世帯あたり0.34台，2009年になっても100世帯あたり11台）[9]中でアメリカのような郊外化は進まず，スーパーも百貨店もショッピングモールも，都市の商業中核地域に立地している。したがって，中国における百貨店の衰退は，アメリカや日本とは異なり，店舗のチェーン展開や郊外化，ファスト・ファッションの台頭や生産のグローバル

9)　国家統計局編（2000，2010）『中国統計年鑑』2000年版，2010年版，中国統計出版社，http://www.stats.gov.cn/tjsj/ndsj（2019年12月29日アクセス）。

化とは関係していないように見える。

②スーパーマーケット業態

　スーパーマーケット（以下，適宜スーパーと略記）という業態の誕生は，セルフサービスの登場を前提としている。新たな販売方式としてのセルフサービスの起源は，1916年に開店したアメリカのグローサリーストア「Piggly Wiggly」であった。それ以前のグローサリーストアでは，来店した客はカウンターの店員に注文し，店員が棚や倉庫から商品を取り出して客に渡す閉架販売形態であった。一方，Piggly Wigglyは，客を直接倉庫に入れて客自身が商品を手に取って選び，集中レジで精算するという販売方式を取った。スーパーの始まりは1930年，アメリカでマイケル・カレンが開業したキング・カレン（King Kullen）であるが，その背景には，セルフサービスの広がりと自動車産業の成長があった。大恐慌時代であり，その簡易な店舗装飾と低価格は好まれた。さらに1930年代の自動車産業の成長によって，スーパーの大量仕入れと消費者の遠距離購買が可能となり，スーパーの拡大が促進された（Yee, 2003: 17-19）。

　スーパー業態の形をとる店舗は，セルフサービス，標準化，購買の簡易化を目指し，そうした中で，さまざまな技術開発や革新が登場した。そのためスーパーの業態に関する研究は膨大な数に上るが，意外にも，歴史的な研究はそれほど多くはない。特にスーパーの発祥の地であるアメリカのスーパーに関する歴史研究は少なく，Hamilton（2018）などが目立つ程度である。1920年代，アメリカでは，セルフサービス，標準化，簡易化などのスーパーの概念がすでに用いられていた。これらのスーパーは「標準化しながら，多店舗展開することによって1930年代のアメリカで大きく発展した」（藤岡, 2017, 253）。アメリカのスーパーマーケットは食品を中心とした品揃えで，セルフサービスとチェーンオペレーションによって発展してきた。

　第二次世界大戦後，スーパー業態はイギリス，イタリア，スペインなどでも成立した。イタリアでは，1957年，アメリカ企業（Internatinal Basic Economy Corporation）によってイタリア初のスーパーが設立された。当初はアメリカのモデルがそのまま移植されたが，全く異なる制度的・政治的環境に対応する中で，イタリアのスーパー業態はアメリカのモデルとは大きく

18

異なるものとなった（Scarpellini, 2004）。他方，スーパーの成立においては，企業の側の動きだけでなく，購買者の役割も重要である。アレクサンダーらは，1940 年代後期から 1950 年代にかけてのイギリスにおけるスーパー業態の成立と拡大を，購買経験に関するインタビューを通じて探り，購買者の役割を強調した（Alexander, Nell, Bailey and Shaw, 2009）。彼らは，セルフサービスという新しいショッピング方式が生み出した興奮や，新しいショッピング環境に関する消費者の学習過程が，スーパーという新業態の拡大の推進力になったのであり，購買者とスーパー企業がスーパーという業態を共創したとする。スーパーでの購買によって消費者はアメリカ的な生活様式に対する憧れを実現したが，同時にそれは，購買者と店員の間の関係の変化をもたらした。例えば，それまでの小売店の取引慣行では常連客しか入手できない商品があったが，スーパーでは誰もが同じものを入手でき，消費者の不平等感は解消された。忙しい消費者にとっては，スーパーでの買い物は煩わしさからの解放でもあった。

　スペインとイギリスでは，スーパー業態の拡大は生産者やサプライヤーの変化を伴っていた。スペインでは，スーパー業態の拡大は加工乳業の成長によって促進された。20 世紀末まで，スペインの牛乳市場では生乳（raw milk, しぼったままの牛の乳を加熱殺菌したもので，水や添加物を混ぜることはない）は加工乳よりずっと大きなシェアを持ち，その主な販路は農場での直販，零細小売店，訪問販売，それに自家消費であり，スーパーなどの大型小売店が占める割合は僅か 1 ％に過ぎなかった。ところがその後の加工乳市場の拡大は，スーパーの成長にチャンスをもたらした。スーパーは低価格販売と PB 商品で顧客を引き寄せ，他業態との競争の中で優位に立ち，乳製品の主要な販路となった（Collantes, 2016）。また，イギリスでは，スーパー業態の拡大は家禽産業での動向とも密接に関連していた。1950 年代後半から，スーパー企業は，家禽飼育農家や食肉の中間流通業者と協力関係を築いた。これによって，スーパーは調達先から最適時に最適地で，最適量を調達することができた。その結果，スーパーは第二次大戦後の日常生活における家禽類需要の増加を満たし，消費者を引き寄せ，セルフサービスという新しい販売方式を消費者に受け入れさせた（Williams, 2009; Morelli, 1998; Cox, 2002; Burch and

Lawrence, 2007）。

　スーパー業態の成立の地であるアメリカでも，スーパーは第二次大戦後に拡大を続けた。Hamilton（2018）は冷戦時代のスーパーに焦点をあて，川上に位置する食品の研究・生産・流通とスーパーとの関係を明らかにした。政府による食品関連の研究・生産・加工・流通への支援は，アメリカのスーパー企業の国内外での成長と競争力の獲得に貢献した。

　アメリカで登場したスーパーの経営モデルは，アジア各国にも導入された。日本でもスーパー業態の成立は，アメリカからのモデルの移植として始まった（渥美，2010，5-9）。1940年代後半から，アメリカのスーパーマーケットをモデルにしたセルフサービス店が急速に広がった。1953年，これらの店舗の中から，食料品全般を扱いながら低価格を追求した日本最初のスーパーが現れた。これは，外国人を主要な顧客とし，「総合採算性」の考え方に基づいて薄利多売を実現し，セルフサービスを活用しており，すぐに多数の企業がこれに続いた（森下，1995，149）。その後，標準化された商品を大量に生産できる体制が構築された（森下，1995，118；中内・御厨，2009，252-257）。標準化の進展に伴って，取り扱い商品はさらに拡大していった。こうして，食品，衣料品，家庭用品の品揃えで，セルフサービスを採用し，低価格を追求する新しい小売業態，いわゆるセルフサービス・ディスカウント・デパートメントストア（SSDDS）が成立した（藤岡，2017，257）。しかし，そのような流れの中でも，取扱い商品を全方位的に拡大することなく，これを食料品と消耗品的な日用品に限定した食品スーパーという業態も確立された。第3章で議論する中国の生鮮スーパーと類似の業態として捉えられるが，鮮度に敏感な日本の消費者の特性をふまえ，食品スーパーは，生鮮食料品を中心に技術の開発を行った（石原，1998）。

　韓国ではスーパーは1970年代に登場するが，既存の在来市場と差別化することができず，1980年代以降，その成長は伸び悩んだ。白によれば，スーパーは，「伝統的な在来市場と同じく，都心を中心とした住居地に店舗を構えたこと，さらに加盟店の場合，在来市場からの仕入れに依存していたことなどから，在来市場の小売ポジショニングと競合しやすい側面があった。しかも，卸売業は貧弱であり，急成長を遂げたメーカー主導の取引慣行が根強

い中，本部仕入れによる商品の高回転率を実現するのに苦しんだスーパーマーケットは，セルフサービスという一部の小売革新のみでは在来市場に対して優位性を発揮することができなかった」（白，1999，70）。

　中国で本格的なスーパーが現れたのは改革開放後の1991年である。市場経済への転換のなかで，流通システムにおいては政府は販路の多様化を推進した。また開放政策の導入に伴い，外国技術の導入および外資系企業の進出も許可された。こうした中で国内系企業がスーパー業態を導入し，1995年からはカルフールなど外資系がこれに加わり，スーパーは店舗数，売上高とも急速に拡大した。

　しかし，中国でスーパー業態が確立した背景は，前述した欧米各国や日本・韓国とは異なる。前述のように，1990年代の中国では，消費者が選択しうる業態や小売店は依然として少なく，大衆消費社会とはいえない状況であった。市場化はまだ途上であり，それに応じて流通システムの構築も始まったところだったのである。にもかかわらず，早くも1990年代後半には，店舗数の拡大に伴いスーパー間の競争が激しくなった。よって，流通システムが未だ未熟である状態にありながらも競争が激化するほどにスーパー業態が成長したのはなぜか，という問題を解明する必要がある。

2. 制度的・経済的な文脈

　このように，中国の流通産業がおかれた経済的・社会的な文脈は，他の国と大きく異なっている。改革開放後の特殊な経済的・社会的文脈，すなわち経済体制の転換（＝移行経済の要素）と後発性は，安定的な経済体制の下での，あるいは資本主義的・市場経済的環境の下での流通業の発展や近代化とは著しく異なっているからである。よって循環理論であれ環境理論あるいは衝突理論であれ，他国の事例をもとに概念化された理論フレームに中国の事例を当てはめるのは容易でない。上述したように，これらの理論を用いた研究も見られたが，それらはいずれも新興業態の登場時にその時点での「将来予測」として示されたのみであり，実のところ，その後の激しい業態変化の中でこの種の研究は姿を消している。

　そこで本書は，経済体制の転換と後発性の下で中国の業態変容がなぜ，ど
のような過程でおこったのか，またその変容の結果どのような業態が出現し
たのかの解明に取り組む。中国における流通産業は単に1つの要素ではなく，
複数の重なり合った要素の影響を受けている（塩地，2008）。流通産業と深く
関連しこれを規定した要素として，以下の3つの経済的・制度的文脈が重要
である。(1) 中国の経済体制全体の改革，(2) その一部である，計画経済に
基づく流通システムを変化させた制度改革，そして，(3) 近現代における中
国経済の後発性と，それに起因し，また同時に改革の遅れに起因する流通産
業の後発性である。

　この3つの要素に即して，本書における問いも以下のように具体化できる
だろう。第1に，経済体制改革の特徴・方法・過程，とりわけその特徴とさ
れる改革の漸進性は，業態の変容にどのような影響を与えたのか。一般に移
行経済論では，東欧・ロシアでの急激な体制転換との比較を念頭に，中国で
の経済体制改革の特徴を，その漸進性に見出してきた。具体的にはこれは，
「自上而下」（簡単な課題から困難な課題へ，周辺部から中心部へ，農村から都市
へ，経済から政治へ，経済的に先進的な都市から後進的な都市へという順序）と
いう特徴を持っていたとされる（聶，2014，37）。流通業での改革は，この一
般的特徴を共有しているのだろうか。またもしそうだとすれば，流通業，特
に小売業での業態変容は，それによってどのような特徴を持ったのだろうか。
例えば，業態変容において，地域格差や都市規模の相違といった要素は，ど
のように働いたのだろうか。

　第2に，流通に関する制度改革は，業態の変容にどのような影響を与えた
のか。具体的には，企業経営システムや，製造企業と小売企業を結ぶ中間流
通ルートに関する制度改革の方法や過程は，業態の成立や発展など，業態変
容を促進したのだろうか，阻害したのだろうか。

　第3に，著しく後発的な出発点からスタートした小売業の業態変容は，ど
のように進んだのだろうか。中国における業態変容は，制度，技術・知識と
いった点でどの程度国外起源の特定のモデルの移植として行われたのだろう
か。自国の，あるいは地元の条件に即した創発的な試行錯誤の要素や，独自
の革新は，どの程度みられたのだろうか。

22

さらに，以上の問いを検討する際には，その前史となる計画経済期の業態変容も見る必要がある。計画期小売業の研究は，研究史の上で軽視されてきた。しかしこの時期を扱うことで，計画経済という制約の下で，経済主体が如何に創発的に振る舞ったのか，そしてそうした創発的な営みが改革開放期以降にどう繋がったかを知ることができるであろう。

3. 研究の手法と枠組み

本書は，最新の動向を捉え未来を掴もうとする流通・小売に関するあまたの出版物の中にあって，歴史的な観点で今を解明する試みである。経営史的な視点を中心に，流通論・マーケティング論，またより広く，経営学一般の概念や理論をも併用する。分析の対象とするデータや情報源は，企業内部史料，各地の档案館（文書館）の所蔵資料，一般紙，業界紙，ビジネス誌，官民の各種統計や報告書等の文献史料であるが，一部は企業に対する非構造化インタビューによってこれを補完する。論証においては，経営史研究に不可欠な異種情報源の多角的な照合（トライアンギュレーション：Kipping, Wadhwani and Bucheli, 2014, 316-319）に留意する。

中国においても，流通産業に関する分析は流通論・マーケティング論・経営学的な視点からの研究が多い。他方，中国では経営史は学問分野として認知されはじめたばかりであり，経営史的な手法を用いる研究は非常に限られている。流通産業だけではなく，各産業に関する経営史的な研究も，改革開放後に関するものは非常に少ない。日本でも中国に関する研究があるが，それらは主に，近代企業や企業者の経営活動を中心に進められている（菊池, 2012；中井, 1996；庄, 2004）。

とはいえ中国でも，1990年代中期以降になると「企業史」への関心が生まれ，少数ながら社史も公刊されはじめている。例えば中国企業連合会・中国企業家協会は19世紀中期から現代に至る企業史をシリーズ化して編集し，『中国企業史』を出版した。また，企業家（経営者）の役割がますます重要となるにつれ，企業家層への関心が高まった。例えば，国務院は1993年に「企業家調査系統」を設立した。また，2000年代には民間企業家，企業家と

企業文化，企業家の社会的責任等をテーマとした研究が多く行われた（史，2005；梁，2001 等）。2008 年前後には，改革開放 30 周年を記念して，産学の双方で，経済発展の歴史を回顧する動きが広がった（李，2014，238）。

　しかしながら，特定の企業の歴史を追う研究は依然として極めて少なく，少しでも企業史的とみられる公刊物はいずれも年代記的（chronological）であり，特定のトピックに応じて注目に値する企業を取り上げつつ中国の産業界の全般的な変化を描くものである。こうした状況の下で，日本や欧米で主流となっている個別企業に関する学術的な経営史的研究は遅れており，個別企業に焦点をあてるものがあったとしても，ほとんどが成功物語であり当該企業の広告宣伝と区別がつかず，体系性・客観性・学術性の欠如が目立つ。中国の企業発展の歴史はまだ浅く，歴史的手法をとる学術研究の対象とされにくいのは事実であるが，李は，こうした状況について，企業に関する研究はそのほとんどが経営学分野のケーススタディであると指摘する（李，2014，239）。

　いずれにせよ，流通業での企業活動を含め，中国企業を研究する上で，経営史的な研究の方法は不可欠である。第 1 に，中国企業は，移行経済といった特殊な経済社会的環境の中で成長しており，他の国の企業と異なる成長パターンを持つ可能性がある。「これをすでに先進国で確立した理論フレームに当てはめるのでなく，個々の企業の成長過程を解明する上で，その特徴を見出し，一般化することが必要である」（李，2014，239）。

　第 2 に，前述のように，本書では，先進国からの知識移転の意味や，計画経済から市場経済への転換による影響，内発的・創発的なプロセスの有無を検証しようとする。その場合，企業家やその他のミクロな経済主体の主観的経験を分析の中で位置づけ，各種の事象を文脈の中に置く経営史の手法は不可欠である（鈴木，2015）。

　第 3 は，経営史的研究の成果が持ちうる社会的意義である。中国でも，改革開放政策の開始からすでに 40 年近くが経ち，多くの企業で，創業者の時代から，それに続く世代に経営が代替わりしつつある。トップ・マネジメント・チーム経営への転換や，組織規模の拡大に伴いマネジメント人材の育成が必要になる中では，過去のビジネスの歴史から学び，複雑な環境条件の下

での意思決定にこれを役立てることが重要になってきている（李，2014，240)。経営史研究が，先進各国においてビジネススクールをはじめ経営の実務家教育と密接に関連しながら確立してきた学問領域であることを考慮すると，改革開放以降の中国企業に関して本格的な研究を行うことが，実務家教育に寄与する可能性は大いにある。

　次に，本書の分析枠組みについて触れておこう。本書では，矢作（2007，2011）の「小売事業システム」の分析枠組みを借用して研究の範囲を説明する。小売事業システムは，顧客に対して小売サービス[10]を提供する市場戦略と店舗運営という要素と，それを支える商品調達及び商品供給の要素から構成される分析枠組みである。ここでは，小売事業システムを，(1) 市場戦略，(2) 店舗運営，(3) 商品調達，(4) 商品供給の４つの要素からなるものとして捉える。小売業務は店舗運営と市場戦略からなる。市場戦略は業態戦略と出店戦略を含んでおり，それを背後から支援するのが店舗運営である。店舗運営とは商品の発注や補充，在庫管理，作業割当，本部の店舗支援など，店舗を運営・管理するワンセットの活動と定義できる。他方，商品調達はナショナル・ブランド商品の仕入れ，およびプライベート・ブランド商品の企画・開発までを含むものである。また最後の商品供給は，生産段階から配送センターまでの一時物流，配送センターから店頭までの二次物流を含む（岸本，2013，5-6)。本書は主にその中の (2) 店舗運営，(3) 商品調達，(4) 商品供給に焦点をあて検討し，(1) 市場戦略のなかの業態戦略も第３章で検討する。

4. 本書の構成

　以上の問題意識のもと，本書は，以下の構成とする。第１章では，改革開放以前の計画経済期の中国における流通の実態を確認した上で，百貨店業態を中心に，百貨店の改革の過程，百貨店の経営実態，日常生活の中で百貨店の役割を明らかにする。第２章からは，改革開放後の時期が研究対象となる。

---

10) 矢作（1996）は，小売業が消費者に提供する流通サービスを「小売サービス」とし，立地，価格，品揃え，付帯情報・サービス，営業時日数・時間の便宜性をあげた。

第2章においては，改革開放後の中国における流通産業の歴史的前提を確認
する。流通産業を規定した制度的・経済的な変化を先行研究や官公庁統計等
によりつつ概略的に示し，小売業態の構造の変化を確認する。第3章は，ま
ず改革開放後，新たに業態として勃興した生鮮スーパーに焦点をあてる。前
述の小売事業システムの (1)(2)(3)(4) の要素を分析し，中国の消費習
慣が果たした役割とともに，著しく後発性的な出発点からスタートした中国
小売業の業態変容の特性を解明する。続く第4章と第5章では，改革開放以
前から存在していた百貨店業態に戻り，改革開放後の変容を分析する。まず
第4章では商品調達と店舗運営における百貨店の主体性を中心に，社会的・
経済的な発展水準が異なる都市を比較しながら，経済体制改革の特徴・方
法・過程，とりわけその特徴とされる改革の漸進性が業態の変容にどのよう
に影響したのかを明らかにする。続く第5章においては，川上のメーカーと
中間流通業者も視野に入れ，それにかかわる商品調達・店舗運営についても
分析を行い，アパレル小売において主要な販路であった百貨店がどのように
してその地位を失ったのかを明らかにする。その際，流通に関する制度改革
が業態の変容に与えた影響についても検討する。結語においては，経済体制
の転換（＝移行経済の要素）と後発性の下で，中国の業態がどのように変容
したのか，その過程と結果について総合的な整理を試みる。

第1章

「勤倹節約社会」における百貨店
── 1949-1978 年

　本章では，計画経済期の百貨店業態に焦点をあて，以下の3つの問題を明らかにする。すなわち，1）民国期（1912-1949 年）から存在していた百貨店がどのように改革されたのか，2）この時期の百貨店の売場はどのように運営されていたのか，3）百貨店は日常生活の中でどのような役割を果たしていたのか，という点である。

　人民共和国以前の百貨店については数多くの研究があるが（序章第1節），しばしば「百貨商店」「百貨公司」と名付けられた計画経済期の百貨店については，業態研究の注目度は低かった。これはおそらく，人民共和国成立以降の経済体制と社会文化の変化に伴い，19 世紀以降，世界で定着していた百貨店本来の姿（Howard, 2015: 171）から，計画期の百貨店が乖離していたからであろう。百貨店業態の最近の動向や課題について検討する際には，計画経済期について言及されることもあるが（梁・劉，2003；馬，2010；王，2011 など），計画経済期の百貨店業態自体を研究対象に，その経営の実態や当時の消費生活における役割を検討した研究は見られない。

　なお，業態としての百貨店に関する研究とは言えないが，この時期の中国百貨公司（多くの商品を取り扱い，小売，卸売，買取，加工，対外貿易などを行った国営貿易会社であり，個々の百貨店の経営主体。次節で詳説する）に関する研究はあり，これらを通して，当時の国営流通企業の役割と実態に近づくことはできる。例えば程（2019）は，中国百貨公司河南省公司（河南省内の

28

商品流通を担った国営企業。中国百貨公司の支公司）に焦点をあて，これが工場が行う生産の統制や商品の流通，省内市民の生活の向上と消費の拡大，物価の安定，都市部と農村部の間の商品流通において果たした役割を明らかにした。また，当時の政府の商業政策と同公司の経営活動が相互に影響しあっていたと主張している。

　前述のように，計画経済期の百貨店は，百貨店業態の本来の特性からは乖離していた。しかしだからこそ，これを検討する意味がある。なぜなら，世界の流通史の中でもその独自性が際立つ時代の小売業態として，当時の百貨店は独自の特性あるいは役割を持ったと考えられるからである。また，その経営実態を解明することにより，当時の流通制度や日常生活，そして，次の時代の起点をも知ることができる。当時の百貨店は，実際には配給機関として機能しつつも，サービスやマーチャンダイジングの向上のための活動を展開し，仕入れもそうした状況に応じて行っていた。これらの活動がいかに計画経済体制と結びついていたのかを明らかにすることにも，意義があるだろう。

　本章は計画経済期の百貨店を以下のように分類する。(1) 中華人民共和国建国以前から存在していた百貨店（以下，旧来型百貨店と呼ぶ），(2) 1950 年代に新たに現れた国営百貨店である。前者は 1950 年代の社会主義改造を経て，一部は閉店し，一部は 1956 年以降，公私合営企業[11]となり，1960 年代に公営企業となった。前者について，本章は民国期から発足し現在でも存続している永安百貨に焦点を当て，後者については 1955 年に発足した北京市百貨大楼（1993 年に北京王府井百貨となった）と上海市第一百貨商店を中心に検討する。

　永安百貨は，1918 年に，香港で香港永安公司（1907 年創業）を創設した郭楽によって創業され，香港永安公司が 20 ％，郭氏家族が 5.6 ％を出資し，郭楽とその従兄弟である郭標が共同経営者となった。創業当初は，香港永安

---

11)　公私合営は，資本主義から社会主義への過渡期の企業制度である。国が出資を行って幹部を派遣し，資本家とともに企業を共同で管理する。資本家は国が決めた割合で株を所有し，企業の経営に参加し，出資割合に応じて配当を受け取った。1960 年代，公私合営企業は国営企業に転換されるか，国営企業に合併させられた。

公司から派遣された管理者によって経営され，輸入品の仕入れも香港永安公司を経由した。1929年に郭楽は甥の郭琳爽（1896-1974）を上海永安公司の副経理に指名した。郭琳爽は1933年には総経理となり，しかもその後，計画経済期に入っても総経理としての地位を保ち上海永安百貨を運営した。

　北京市百貨大楼は1955年に北京市第一商業局と北京市百貨公司が創設した国営百貨店であり，北京最大の商業中核地である王府井大街に立地した。上海市第一百貨商店は，1949年に設立された新中国成立後最初の国営百貨店であり，1953年に，撤退した大新公司（1936年創業した私営百貨店）の店舗に移転した。

　本章は，上海社会科学院が1960年代初頭から収集し1980年代初頭に出版した百貨商業と百貨店に関する史料や，百貨店の社内史料，上海市档案館所蔵の手紙・報告書・政府調査報告，新聞を用い，以下の構成で分析を行う。第1節では，計画経済期の経済体制と流通制度を概観した上で，本章の背景としての中華人民共和国初期の市場，主要な中間流通者，日常生活の実態を示す。第2節からは，百貨店業態の経営実態を分析する。具体的には，第2節では，民国期に発足していた百貨店が，戦後の経済の回復期にどのような問題を抱えていたのかを分析する。第3節では，そうした私営百貨店の改革過程と，1950年代半ば以降に新たに成立した国営百貨店の経営の実態を明らかにする。第4節では，1960年代半ばから始まる社会動乱による売場運営の動揺と回復について述べる。

1. 計画経済期の経済体制と流通

(1) 経済体制と流通

　はじめに，計画経済体制の下での社会状況を確認しておこう。改革開放政策が始まる直前の1975年には，中国人口の78％は農村に住み（国家計画委員会統計局，1976），そのほとんどが人民公社に属し，共同で農作業を行う集団農業に従事していた。人口の約2割が住む都市部は鉱工業を中心としていたが，その鉱工業の生産額の83％は国営企業が[12]，また残りを集団所有制企業（国有企業とは別の種類の公営企業）が占めており，私営企業は全く存在

しなかった。人民公社と国営企業，集団所有制企業は，すべて政府の指令に基づいて生産を行い，そこで生産されたものは政府の機関を通じて他の工場や国民に配給され，政府の決めた価格で販売される，文字通りの計画経済であった（丸川，2013，31）。政府は流通する物財の量と配給先を配給切符で統制した。配給切符がなければ代金を支払っても商品を購入できなかった。配給切符は職場を通じて決まった数が人民に配られた。全国で通用する配給切符の他，地理的な通用範囲が定められている省内通用の配給切符や県内通用の配給切符も発行された。自転車やテレビ等の配給切符は職場に配給される数が少なく，上司が各家庭の事情を勘案して配布した（丸川，2013，63；張，2019，34）。

　計画経済期の生産と流通は，国家機関による「商品」[13] の配給の形（「統購統銷」）をとった。1952 年に設立された国家計画委員会が，計画経済の中枢機関となった。国家計画委員会，中央政府，それに地方政府のその他の官庁が主要な財の生産と流通をすべてコントロールする制度が，1950 年代の間に整えられた。例えば農業部門の食糧の生産・流通では，1953 年以降，農民は自分で消費する以外の食糧はすべて政府に売り渡すよう定められ，政府が買い上げた食糧は国家機関を通じて都市部の住民たちに配給された。国有企業や国有化された旧私営企業では政府が生産量，生産額，労働者の雇用数等を指令するようになり，経営者が自主的に経営を行う余地はほとんどなくなった（丸川，2013，36）。

　「物資」[14] を除く商品の流通では，中央政府と地方政府の政府機関のうち，商業や流通に関わる様々な部署（以下便宜的に「商業関係政府機関」と呼ぶ）が全国各地の流通システムを管理し，調達と配給を行った。1949 年からの

12）　1984 年 10 月に公表された「中共中央関与経済体制改革的決定」により，企業の経営自主権の拡大が開始された。企業の所有権と経営権の分離が進み，これによって「国有企業」が登場したが，それ以前の企業はすべて国家が経営する国営企業である。一方，国有企業と異なり，私有企業には経営自主権に関する改革がなかった。よって本書では，「私有」と「私営」で民間企業を区別しない。

13）　「商品」とは計画経済独特の用語で，消費財および農業用の生産財を指す。一般の生産財は「物資」と呼ばれる。

14）　注 13 参照。

数年間は，流通システムは 1949 年 11 月に設立された中央人民政府貿易部に
よって管理された。全国を複数の地域に分け，それぞれに貿易部が設立され，
さらにその下に，各省に商業庁が，各市に商業局が，さらに各市の各区や農
村部の各県に商業科や工商科が設けられた。これらの地方の商業関係政府機
関は，それぞれの地方政府の管理を受け，また同時に，区なら市の，また市
なら省の，それぞれ上位の商業関係政府機関によって管理された。しかし3
年後の 1952 年には，組織再編が行われた。中央人民政府貿易部は廃止され，
これに代えて国内商業を管理する中央人民政府商業部と対外貿易を管理する
中央人民政府貿易部が設立され，また，食料品の流通を専門的に管理する糧
食部が設けられた。地方の商業関係政府機関もこれに対応して改組された。
1955 年以降，綿花，タバコ，水産品などに関する専門の商業関係政府機関
が設立された（従・張，1990，594-595）。

　この再編で登場したのが，図 1-1 に示すような流通のシステムであり，こ
れが，基本的には 1952 年から約 30 年の間存続することになった。その柱は，
「合作社商業体系」と「国営商業体系」の2つである。合作社は，主に農村
部の市場を中心に，農産物の買付け，農村部に向けた商品の配給，農村部に
おける市場の運営を行った[15]。それに対して国営商業体系は，全国各地にあ
る国営商店，国営飲食店，国営理髪店，国営宿泊施設など，および，8つの

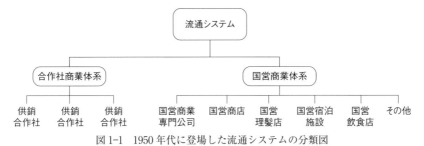

図 1-1　1950 年代に登場した流通システムの分類図
出所：中央人民政府政務院（1950）「関与統一全国国営貿易実施弁法的決定」；中国共産党中央委員
　　　会・中央人民政府国務院（1962）「中共中央，国務院関与国営商業和供銷合作社分工的決定」，
　　　により著者が作成。

---

15)　中国共産党中央委員会・中央人民政府国務院「中共中央，国務院関与国営商業和
　　供銷合作社分工的決定」，1962 年 4 月 26 日。

企業組織からなる国営商業専門公司の総称である。その拠点は主に都市部にあり，また流通のみならず生産にも関わった。

　まず前者の合作社についてみてみると，「合作社商業体系」の担い手は，全国各地の供銷合作社（以下，これを「合作社」と記す）であり，全国供銷合作社総社によって統一的に管理された。合作社は農村・農業・農民と政府による調達の間を繋ぐ役割を果し，また農村・農業・農民と都市部の流通を担った（趙，2003，39）。

　他方，後者の「国営商業体系」の担い手は，1949 年の中華人民共和国の成立の後に中国政府が設けた国営の商業機構である。これは，それ以前から共産党の支配地域で設けられていた「公営商業」や，建国後に接収された官僚資本や外国資本を基に設立されたものである。1952 年には全国各都市にこれに属する 13 万の店舗など（上記のように宿泊所等も含む）があり，1965 年にこれは 35 万箇所となった。国営商業体系が持つ流通機構は，合作社から農産物の供給を受け，また全国的に流通する商品の卸売および小売を担った（竇，2009，66；李炳生，2010，31）。

　国営商業体系のうち，小売業と関わるのは国営商店と，商業のみならず生産にも関与する国営商業専門公司であった。国営商店は卸売商店と小売商店からなり，「門市部」としばしば称された。これらは同一都市内に多数設けられた中小規模の店舗であり，特定の商品を扱う専門店がその大半を占めた。他方，1950 年 3 月から翌年にかけ，中央人民政府貿易部は「国営商業専門公司」を設け，これらが国営商業を構成することになった。この国営専門公司は，行政機構からは切り離された企業組織の形をとっているが，市場経済の中の私企業や，一般的な流通企業とは性格は全く異なり，経営の自主権を持たず，政府によって直接に管理されていた（竇，2009，66）。この国営商業専門公司は，以下の 8 つの企業からなっていた。中国糧食公司（食糧の生産と流通），中国花紗公司（繊維製品の製造と流通），中国百貨公司（日用品の一般市民向け販売，卸売，買取，加工，対外貿易を業務とする。百貨店の運営はこれら多数の業務の一部），中国塩業公司（食塩の生産と流通），中国土産公司（特定地方産品の生産と流通），中国石油公司（石油の生産と流通），中国煤建公司（石炭鉱山資源開発と流通），中国工業器材公司（工業機器の製造と流通）であっ

た。これらの国営専門商業公司は各地に支公司を設けた。支公司は各国営専門商業公司の総公司と地元の政府によって統一的に管理された[16]。

　その後，改革開放が進められた後にも 1990 年代初期までは供銷合作社と国営商業公司は存続していた。1990 年代の改革の中でこれらは経営の自主権を獲得し，市場経済の中で流通を担う近代的な企業へと転換していった。

　上述のように，国営商業専門公司の 1 つが，中国百貨公司であった。中国百貨公司は 1950 年 4 月に設立された。中国百貨公司は全国各地の都市に大小様々の多数の小売店舗を有し，これを管理していた。そのうち百貨店の形態をとる全国各地の国営百貨店（「百貨商店」「百貨公司」と名付けられた店舗）は，計画経済体制の下では大型店舗の形をとる唯一の小売店舗であった。その多くは，数字で命名される百貨店（上海市第一百貨商店，上海市第二百貨商店等）であった。中国百貨公司傘下の国営百貨店は，人民共和国建国前の私営百貨店が国営化されたものと，建国後に新たに設立された国営百貨店などからなる。このうち建国前に遡るものは，近代的で市場経済的な経営の原則を建国前には備えていたが，国営化の過程でこれを失い，単なる政府の配給機構に転じた。百貨店が取り扱う商品の数量，価格や，その従業員の数は，政府の指令で定められるようになっていた。第 4 章で検討するように，改革開放初期の百貨店業態の成長や流通産業の改革においては，国営百貨店は大きな役割を果たした。

　中国の計画経済の特徴の 1 つは地方分権であり，流通も例外ではなかった[17]。地方分権により，各省は多様な産業を持つ，いわばフルセット型の産業構造を形成しており，そうした中で，各省における商品の流通は，地元の政府部門，供銷合作社，国営商業体系の各拠点によって行われた。このような特徴は，改革開放後の商品流通制度にも影響を与えた。例えば今日も存在

---

16)　中華人民共和国商務部のホームページ http://history.mofcom.gov.cn/?newchina=
　　d%E5%9B%BD%E8%90%A5%E5%95%86%E4%B8%9A%E7%9A%84%E5%BB%BA%
　　E7%AB%8B%E5%92%8C%E5%8F%91%E5%B1%95（2018 年 3 月 26 日アクセス）。

17)　1958 年から 1960 年の時期，工業化方針と地方分権化が経済の混乱を引き起こしたため，地方政府に移管された企業は再び中央政府に戻された。しかしその後，これらの企業は再び地方政府に移管された（丸川，2013，49）。

する「地域分割流通体制」（第2章第1節参照）においては，メーカーは，省
や地域ごとに1つの「代理商」あるいは1つの「経銷商」[18] を置き，これら
に対して，他省・他地域での同メーカーの商品流通を制限したのである。

(2) 新中国初期の市場と中間流通に対する改造

1949-1956年，中国政府は計画経済への転換を目指す改造の一環で，中間
流通機構を管理下に置いて統一的な購入・配給を実現するために，私営卸売
商の全てを国営商業に置き換えようとした。しかし，新中国成立の初期には
流通機構が未整備であり，一気に私営卸売商を排除することは困難であった。
結局，この改造は段階的に行われ，6年の歳月を要した。

新中国の初期，中国経済は困難に陥り市場は混乱した。物資不足に加えこ
の時期に襲った水害で大きな被害を受けた中国では，経済の回復がさらに難
航した。工業原材料が不足し，流通のインフラも未熟で，そのために工業生
産が停滞した。上海市で1949年7月に行われた87産業に対する調査によれ
ば，全調査対象のうち74％以上の工場で生産が停止していた（上海百貨公司
他，1988，288）。この物資不足に乗じて，私営卸売商は国共内戦中のインフ
レーションの際に得た投機活動の利益を元手に，いっそうの値上がりを見越
して商品を買い占めた[19]。実際，1949年6月21日から7月30日にかけての
わずか40日間に，綿製品の価格は約2倍となり，石けんの価格は275％高
騰した。1949年10月以降の物価は狂乱状態となり，多くの商品で日々の価
格上昇が10-30％に達した（上海社会科学院，1981，236）。

市場の混乱に対応するために，政府は中国百貨公司を設立し，全国にその
支店として機能する地域会社（以下便宜的に「国営百貨公司」と呼ぶ）を設け
た。たとえば上海市では，国営上海市日用品公司が1949年10月に設立され，
上海市民に日用品，繊維製品，衣料品，化粧品，文房具，食品，薬品，工

---

18) 「代理商」は，商品を買い取ることなくメーカーの委託を受けてこれを販売し，商
　　品が売れた場合にはメーカーから販売報酬を受け取る。「経銷商」は商品の所有権を
　　有して商品を販売する通常の中間卸売商である。

19) 「上海市商業局，百貨公司業公会等関与環球百貨，百貨商業，華洋什貨商業調研報
　　告」，上海市档案館所蔵，档案番号：Q226-2-10。

業原料など22種類の商品を小売し，また政府が直接に管理している合作社，外資企業，市内の学校，軍隊等に対する卸売も行った。中国百貨公司が取り扱った商品の仕入れ先は多様であり，国営，公私共同経営，私営の工場と様々であった（上海百貨公司他，1988，289-290）。

しかし1950年前半までは，依然として卸売の主力だったのは私営卸売商で，80％以上の商品の流通ルートは私営卸売商に押さえられていた。中国百貨公司は小売市場に重点を置き，物価の安定をはかったが，一方で商品の卸売においては，外資系企業，学校，軍隊，政府機関，団体への卸売しかできなかった。したがって，国営公司の仕入れ量は私営卸売商よりずっと少なかった（上海百貨公司他，1988，289-290）。

1950年5月以降，国営商業体系においては拠点の整備が全国的に進められ，私営卸売商を経由する流通の割合は減少していった。例えば前述の上海市日用品公司は1950年5月に再編され，中国百貨公司華東区公司と中国百貨公司上海市公司（上海市百貨公司）という2つの組織に分割された。前者は華東地域の流通拠点として地域内各都市間の商品流通を担い，同時に地域外の国営商業との間での商品の調達・供給も担当した。後者の中国百貨公司上海市公司は上海市内を責任範囲とし，市内の合作社，学校，軍隊，私営商業，外資系企業に商品を供給した。中国百貨公司は，上海だけでなく全国各都市に拠点を設け，これにより全国的な調達と供給のネットワークが構築された。その拡大に伴い，中国百貨公司の仕入れ量は増え，バイイング・パワーも以前より強くなった。これにより，私営工場からの仕入れは以前より容易になった（郭，2003，14；上海百貨公司他，1988，290）。

1952年3月の「五反運動」は，中間流通における私営卸売商の地位をさらに低下させた。1951年，農村部消費の拡大，インフラ建設，朝鮮戦争による需要の拡大に伴い，国営百貨公司においても私営の卸売商においても，物資の流通は拡大していった。しかし市場制度や政策の整備には遅れがあり，私営企業は抜け道を利用して利益を上げた。そうした中，脱税，賄賂，原材料や公有財産の横領，政府情報の漏洩・悪用が多発した。中国政府は，「五反」すなわち「反行賄，反偸税漏税，反偸工減料，反盗騙国家財産，反盗窃国家経済情報」（賄賂をしない，脱税しない，仕事の手を抜かない，国家財産と

国家経済情報を盗まない）という私営企業に関する指針を定めた。それをもとに，地元政府は，私営の卸売商の営業状況に対する調査を行い，違反した卸売商を処分した。

　この間の経緯は，私営から国営への移行が，政策的な試行錯誤や政策の後退を含め，現状への妥協も伴った複雑な過程であったことを示している。例えば，「五反運動」の中で，私営企業の脱税問題に対応するために政府は新税制を実施したが，私営卸売商は都市部と農村部の間の商品流通で依然として重要な役割を果たしており，それに対する課税強化は商品不足などの副作用をもたらした。そのためやむなく，政府は私営の卸売商に課する税金を軽減した。例えば上海市政府は，1953 年には 100 社の私営卸売商のうち 87 社に対して営業税を免除した。しかし私営卸売商は，この機会を政府方針に反する形で利用し，政府の統一配給の流通体制の構築を妨げた。上海では，1953 年の私営卸売商の売上高は，前年の水準を大きく上回った（上海百貨公司他，1988，299-300）。私営卸売商は，不足する商品を地域外から仕入れて地元で高価で販売し，また私営の工場や生産者との緊密な関係を用いて，私営工場の不良品を全国各地で販売した。私営工場・生産者の行動様式も，政府による一元的な配給の実現を妨げた。こうした中，私営卸売商が，ルールが厳しく調達価格が低い国営百貨公司の注文に応じないか，あるいは応じたとしても納品を延滞するといった状況が多発した。例えば 1953 年には，国営百貨公司は日常必要品の籠編み魔法瓶（写真 1-1，竹殻水瓶，保温機能をもつステンレスボトルを竹編みの外装で包んだもの）の全国生産量の 56 ％しか仕入れることができなかった。綿のシャツやハンカチといった普通の製品でも，納品の遅れが頻繁に見られた。またこの間，新中国以前から膨大な数で存在していた零細小売商は，その営業を続けていた。例えば上海では，これらの零細小売商に対し，私営卸売商は注文量の最低金額を低く設定し，掛売りも行っていた。私営の卸売商と私営の零細小売商の相互補完的な関係は，国営への転換が時間を要した 1 つの要因であった。

　1953 年 10 月，中国共産党は「過渡期の総路線」を発表した。過渡期の総路線の任務は，相当な時間をかけて，国家工業化と，農業，手工業，そして資本主義商工業の社会主義改造をおおよそ実現することであった。それに伴

い私営商業に対する社会主義改造が始
まり，3 年間の改造を通して，私営卸
売商は消滅した。

　もともとこの時期の私営商業は，零
細小売業では低い参入障壁による過当
競争，他方の百貨店においては人員過
剰と高コストといった問題を抱えてい
た。そこに社会主義改造の一環で「加
工訂貨，統購包銷」が実施されたこと
により，私営の卸売商は仕入れ先を確
保できなくなり，経営の維持が難しく
なった。「加工訂貨，統購包銷」とは，
中国政府が食糧と工業原材料の流通を

写真 1-1　籐編み魔法瓶（筆者撮影，計
画経済期の必需品）

統制し，私営の工場・生産者を含む生産者のすべては国営公司から製品の注
文を受けてはじめて生産に必要な原材料を入手できる，という政策である。
政府の発注量に応じて生産のための原材料が工場に配給され，生産された製
品は政府がその全てを購入し統一的に配給する制度が構築された。こうして，
私営生産者の主要な販売先は，以前の私営卸売商から国営百貨公司へと変化
した[20]。さらに，1952 年 6 月に発布された毛沢東による「企業利益に対する
新しい定義」により，私営卸売商の収益は減少し，私営卸売商の経営維持は
さらに困難となった。それ以前は，売上から原価と職員への給料を差し引き，
税金を支払った残りが企業家の純利益となっていたが，1952 年 6 月からは，
税金の他に，職員の福利厚生資金と積立基金を取り分けることが求められる
ようになり，その分，企業家が得る純利益が目減りしたのである（中共上海
市委統戦部，1993，2002；蕭，1956，6-10 頁；上海市档案館，1999，20）。

　1953 年から 1956 年にかけて，中国政府は，私営小売商に対する社会主義
改造においては私営から公私合営，公私合営から国営へという段階的な改造
方式を採用し，他方，私営卸売商に対しては一気にこれを国営商業に置き換

20）「上海市華洋雑貨商業同業会会員遷址，改変牌号，更換代表人和増資等更換状況的
　　文書」上海市档案館所蔵，档案番号：S255-1-10。

えた。これにより，中国における流通は，基本的に全てが国営商業によって行われるようになった。

　私営小売商への改造の結果については後に議論することとし，ここでは私営卸売商改造の結果を見ておこう。私営卸売商の数と年間売上高は，この5-6年の間に大きく減少した。たとえば上海では，1950年初頭の私営卸売商同業会の会員は166社であったが，1954年初頭には100社に減じている。上海の私営卸売業の1954年前半の売上高は，前年1953年（1626万元）の13％に激減した。また，1954年から1956年にかけて，上海の私営卸売商の半数（38社）は閉業し，残る企業も，他業界（22社），小売商（4社），代理卸売店（1社）へと多くが転換し，その業務をそのまま維持したのは16社のみであった。閉業した企業の従業員は，新たに自営業者となった一部の者を除き，国営商業部門に就職した。1956年初頭，営業を維持していた16の卸売商は，すべて公私合営企業となった。これにより，私営の卸売商はすべて，上海から姿を消した（上海百貨公司他，1961，226）。

(3) 消費生活

　計画経済期の消費の実態については，信頼に足る統計データが存在しない。そこで，新聞に報じられた記事を通じて当時の消費生活の状況を再現してみよう。1920年代からの国共内戦と1937-1945年の日中戦争による食料不足と物資不足は，人々の生活を苦しめた。1949年の『新民報』には，生活苦に関する報道が多数見られる。春節だというのに生活苦から自殺したとの報道が相次いだ。上海交通大学と復旦大学の教授会は政府に食料補助金を求めたが，その書簡には「1948年8月19日に公表された物価安定のための政策にもかかわらず，1949年1月には前年同月比で物価が100倍以上に騰貴した」と書かれていた。当時の文学作品も生活の苦しさを描き，困窮と戦おうと呼びかけた。また，産業の不振により倒産と閉店が相次ぎ，従業員の解雇はさらに生活を圧迫した[21]。

　物価が安定に向かったのは，1951年半ばからである。物価は1951年9月に反転し，10月には，32種の商品で価格がわずかに下落に転じた。翌1952年には多くの商品で価格の下落が明瞭となった。価格推移のデータが得られ

るタバコの価格をみると（「飛馬タバコ」の数字），1951 年末の一箱 2200 元か
ら，1952 年 4 月には 1800 元へと下落している。物価の安定に伴い，購買力
が上昇した。1951 年秋における上海，天津，漢口，広州，西安，重慶，瀋陽，
青島 8 都市における食糧の総取引高は，1950 年の同期より 28 ％増加し，ま
た繊維生地の取引額は倍に増加した。食生活も改善された。中高所得層は経
済的な余裕を得て，菓子類などの嗜好品にも支出できるようになった。低所
得者層が購入する食糧は，以前は入手しやすい大豆と糠であったが，1951
年からは米が徐々に多くなった。また，食料品以外の支出も増えた。たとえ
ば，1951 年後半，織物，タバコ，灯油などに対する需要は日々増加した。
また，河北省の常住人口 1700 人の農村では，同年後半には 110 台の自転車，
800 個の懐中電灯（1950 年代の家庭常備製品は，懐中電灯，ラジオ，石油ランプ
だった）が新たに購入されたという。上海市国営綿織物工場の女性従業員の
正月支出に関する記事も状況の改善を示している。6 年前に結婚して以来，
今年の正月は生活上一番楽だった，と彼女は 1953 年に語っている。彼女の
正月の支出は前年の 2 倍の額に達し，5 人家族で正月に 15 キロの肉を購入
した。職場の工場の生地製品を低価格で購入し，コートと毛織物のパンツを
作り，夫の人民服，二人の子供の学生服を仕立てた。新しい洋服を作るなど，
以前の正月にはなかったことだったという[22]。

　政府によるインフラストラクチャーの整備も日常生活を改善した。1949-
1952 年の「愛国衛生運動」により，全国で下水道の整備が行われた。これ

---

21)　「生活已瀕臨絶境　教授請発応変費」『新民報』（晩刊），1949 年 2 月 2 日；「生活逼
　　死小民　昨夜発生自殺案多起」『新民報』（晩刊），1949 年 2 月 2 日；「生活」『新民報』
　　（晩刊），1949 年 2 月 22 日；「遠東飯店経理溜走　職工生活陥入窮境」『新民報』（晩
　　刊），1950 年 4 月 13 日。
22)　「各地物価普遍回落」『文匯報』，1949 年 12 月 12 日；「物価平穏生活安定」『人民
　　日報』，1950 年 5 月 27 日；「吾家一些生活習慣（二）」『新民報』（晩刊），1951 年 5 月
　　9 日；「吾家一些生活習慣（三）」『新民報』（晩刊），1951 年 5 月 10 日；「平民屯的今
　　昔」『新民報』（晩刊），1951 年 6 月 4 日；「日用百貨国内市場的展望」『新民報』（晩
　　刊），1951 年 6 月 17 日；「入冬後全国物価基本穏定」『新民報』（晩刊），1951 年 11 月
　　16 日；「商品牌価降低説明了什么問題」『新民報』（晩刊），1952 年 4 月 16 日；「工人
　　的生活一天比一天好了」『人民日報』，1952 年 5 月 12 日；「看労働人民生活的提高」
　　『新民報』（晩刊）1953 年 2 月 13 日。

によって日常生活用水の使用が保証され，汚物や糞尿の投棄による衛生環境の悪化や疫病が減少した[23]。

　また1950年代には，製品の多様化によって，消費生活の多様化が進んだ。1950年代から1960年代にかけては，衣料品をはじめ工業製品の生産の多様化，商店の品揃えの多様化に関する報道が多くなる。たとえば，北京市百貨大楼が1963年には新しい生地で作った毛のパンツを揃えたという報道があり，また同年，北京市の紡績工場で1000種類以上の新商品が生産されたことが報じられている。上海の紡績工場では，1959年の1月から8月までに6000種以上の新商品が導入され，色と柄も多彩となり，伝統の織り方や民族風の刺繍を用いた生地も生産された。これらの新しい織物は工芸品の展覧会でも展示されたと報じられている[24]。

　しかしながら，この消費生活の多様化は，大衆消費社会の到来をもたらさなかった。製品の多様化が進んだ1950年代のうちに勤勉・勤倹節約を称揚し画一的な消費を求める動きが開始され，1960年代以降，全社会的な動きとなっていったからである。こうした傾向の萌芽は，新中国成立直後から確認される。1950年のある新聞記事では，「かつては新しい洋服をたくさん持っていた高所得家族の娘が，今は色物を着なくなった」ことが報じられている。大学に入学した新入生が，実家が手作りした新しい洋服を着用して登校したところ，同級生に「洋服が特別だ」と言われ恥ずかしく思い，他の人たちと同じ統一感がある洋服に着替えたくなった，という記事も見える[25]。

　また遅くとも1953年には，勤倹節約を求める政府や公式メディアの呼びかけが確認できる。人々は，新中国の成立に誇りを持っていたため，共産党が指導する勤倹節約生活の提唱を比較的抵抗なく受け入れた。それに加え，

23) 「労働人民生活環境的初歩改善」『新民報』（晩刊），1951年5月28日；「蓬莱区的市民家庭生活」『新民報』（晩刊），1951年7月30日；「工人生活好過　新車満街飛馳」『新民報』（晩刊），1952年8月22日；「愛国衛生運動改変了東北人民的生活面貌」『人民日報』，1952年9月18日；「我们的生活越過越好」『人民日報』，1954年10月17日。
24) 「我们的文化生活」『新民報』（晩刊），1953年12月11日；「新花色品種成千上万」『新民報』（晩刊），1959年12月16日；「各地工場生産大批新産品」『新民報』（晩刊），1963年9月28日。
25) 「生活情況的変化」『新民報』（晩刊），1950年12月20日。

長い戦争による苦難からようやく脱出した中国人の間には，平和な生活であ
ればそれ以上は求めない，質素な生活を忘れず贅沢な生活を良しとしない，
という価値観も強かった。1960 年代前半の記事であるが，新華社は，「現在
は生活が改善されたが，戦争時代の苦しみを忘れず，勤倹節約の品格が必要
だ」と主張する「南京部隊」の議論を紹介している。政府とメディアは，享
楽を有産階級の価値観とし，中国のような無産階級社会においては不適切な
価値観であると位置づけたのである[26]。

　こうした時代の雰囲気は，実際に，消費生活の多様性にも影響を及ぼし，
人々は単純化・統一化された生活スタイルへと向かっていった。新しい洋服
を仕立てたり購入したりするよりも，繕いや仕立て直しが良いとされた。そ
れに伴い，衣類を仕立て直す国営の商店が登場した。1950 年代には，多様
なファッションと外来商品を中心にした贅沢さが追求された民国期からは一
変して，素朴さや装飾性のなさが求められるようになった。人民服（「人民
装」）は日常の服装となり，結婚式での着用も標準的になった。

　勤倹節約の生活とともに貯蓄も奨励された。1950 年代末には，工場の職
員が所得の一部を貯金するという報道が多くなる。たとえば，上海国営棉紡
績第十工場の職員が月に 7-8 元貯金をした（当時の下級工場労働者の賃金は月
に 35-45 元程度であった）（庄・袁・李，1986，60）という報道があり，メディ
アが節約を推奨し貯蓄を促したことがわかるだろう。電球工場の新夫婦が，
国際飯店（高級ホテルの代名詞）で開催する予定だった結婚披露宴を取り消し，
宴会の費用を貯蓄したという記事も見られる[27]。

　1950 年代から 1960 年代半ばの新聞読者の投稿からは，都市部においては
映画・体育活動・伝統演劇（京劇・越劇など）・詩作会，農村部では合作社の
サークル等の文化活動を通じて，日常生活が豊かになっていったことも見て
取れる。これらの活動は，一部は各種の政府機関によって開催され，一部は
市民によって自発的に行われた。しかしこうした娯楽活動は，高額な支出を
必要としない。盛んになった文化活動でも，節約が提唱されていたのであ
る[28]。

26）「生活領域里一定要突出政治」『新民報』（晩刊），1966 年 6 月 25 日。

　1960年代半ばから1970年代半ばにかけての社会的・政治的動乱（文化大革命，以下では「十年動乱」）の中では，贅沢な生活はいっそう批判され，物質的にも精神的にも節約が称揚された。文革の時期には，管理者による職員の生活改善の主張さえもが批判された。祝日の旅行や奨励金など，今日では当たり前の社員に対する福利政策も批判され，無産階級主義に対する違反ともみなされた[29]。

　しかし十年動乱が終わった1976年以降になると，工場の従業員や農民の生活改善という報道が現れるようになり，動乱時代の制限が徐々に解消されていった。工場では，社員食堂のメニューが増え，工場の風呂場や洗濯場の整備や改良などが行われた[30]。消費の簡素さよりも豊かさを目指す方向がようやく再び姿を現したのである。

---

27)　「改善生活不該随心所欲」『人民日報』，1958年1月9日；「貯蓄存款余額上昇」『新民報』（晩刊），1959年3月22日；「青工生活巧安排」『新民報』（晩刊），1959年9月23日；「要提唱勤倹建国」『人民日報』，1960年8月2日；「勤倹是無産階級的高尚品徳」『人民日報』，1960年10月14日；「做勤倹建国模範　做勤倹持家能手」『文匯報』，1962年3月7日；「修補服務是生活大事」『新民報』（晩刊），1961年4月17日；「快速修補日用百貨」『新民報』（晩刊），1962年6月23日；「修配服務多多加把劲」『新民報』（晩刊），1962年6月23日；「勤倹是労働人民的本色」『文匯報』，1965年1月14日；「関与勤倹節約和改善生活問題」『新民報』（晩刊），1965年5月30日；「生活領域里一定要突出政治」『新民報』（晩刊），1966年6月25日；「要提唱勤倹建国」『人民日報』，1960年8月2日。

28)　「有了愉快的生活才有愉快的工作」『文匯報』，1949年11月27日；「一天的生活」『新民報』（晩刊），1950年10月4日；「保証生活上更多的楽趣」『新民報』（晩刊），1951年5月4日；「吾家一些生活習慣」『新民報』（晩刊），1951年5月11日；「生活習慣的変化」『新民報』（晩刊），1953年4月4日；「首都教師的寒仮生活」『文匯報』，1956年2月18日；「群衆文化生活」『文匯報』，1958年5月11日；「別創一格　詩頌食堂」『新民報』（晩刊），1961年1月8日；「開展社会主義教育　豊富業余文化生活」『人民日報』，1964年1月4日。

29)　「『不夜城』宣揚資産階級生活方式」『人民日報』，1965年6月30日；「関心生活是仮　腐蝕思想是真」『人民日報』，1967年12月1日；「果真是改善職工生活吗」『人民日報』，1968年2月16日。

30)　「光沢県農田基本建設中的重要措置」『人民日報』，1976年1月21日；「提唱関心群衆生活」『人民日報』，1977年1月14日。

2. 経済回復期における私営百貨店の対応（1949-1952年）

　それでは，この時代，百貨店はどのような状況にあっただろうか。1910-30年代に中国に登場した百貨店の中では，上海において「環球百貨商業」（世界各地の名品を扱う商店の意味）の役割を担っていた大型百貨店が注目される。中でも，永安百貨，先施百貨，新新公司，大新公司，中国国貨などは，1930年代には，日用の生活用品を中心に，顧客が求める名ブランド品を多く揃えていた。たとえば永安百貨は，イギリスの綿布，毛織物，フランスの化粧品，スイスの時計，チェコのガラス製品などを販売していた。それに加えて，劇場，喫茶室，レストランを店内に備え，旅行サービスも取り扱っていた。マージン率が高いラグジュアリー商品を扱い，華やかな内装をはじめ特別なショッピング環境とともに良質なサービスを提供するという，19世紀ヨーロッパで誕生した百貨店の原型に照らしてみるならば，これらの商業施設は典型的な百貨店業態であったといえる。中華人民共和国が成立した時点では，広州などを除けばこうした大型百貨店のほとんどは上海に位置しており，永安，先施，新新，大新，中国国貨，麗華，中華，華新，泰昌，麗安，中国内衣，信大懋の12店があった[31]。本節では，1918年に設立され，1969年に公営企業となるまで公私合営など私営の要素を残していた永安百貨を主な分析対象とする。

　このように1930年代まで，百貨店は文字通り奢侈と文化的な消費生活の殿堂であり，西洋的な生活文化への窓口であった。しかしこの状況は，日本による侵略と日中戦争による破壊・占領，それに続く国共内戦の中で変化していった。1930年代，中国においてもこの時期に進んだ工業化や，日本の侵略に対する抵抗の中で，「国貨」（＝国産品）愛用の機運が高まり，百貨店の品揃えにおいても中国製品の割合が高まった。1937年に日中戦争が始まり，同年夏の第二次上海事変（日本側の呼称）により，上海は日中両軍の衝突の舞台となり，以後上海は日本軍の占領下に置かれた。永安百貨や先施百貨な

31）「上海百貨業歴史沿革」上海市档案館所蔵，档案番号：S253-3-1；「上海市環球貨
　　品商業同業公会1953年，1954年工作総結」上海市档案館所蔵，档案番号：S254-4-3。

ど，少なからぬ百貨店の店舗が戦闘により被害を受け，また店舗は，その後日本軍の管理下に置かれた。占領下でも営業は続けられ，一部の従業員は残ったが，仕入れも販売も日本軍の統制下に置かれ，品揃えや百貨店の役割は以前とは全く異なるものとなった（上海社会科学院，1981，159）。

1945 年の日本の降伏後，上海は日本軍の占領から解放された。1949 年初めに共産党軍が上海を支配下に置くまでの 4 年弱の間，上海は国民党政権の下に置かれた。物資不足や人々の窮乏が戦後も続く中，物資の統制は国民党政権によって引き継がれ，百貨店の経営の自主権は回復しなかった。そうした中，国民党を支える米国政府の政策の下，1946 年に締結された中米友好通商航海条約に基づいて，大量の米国製品が中国市場に流入し，百貨店はそれらの物資の販売拠点になった。こうした中，1947 年には，上海に浸透していた中国共産党の地下組織が，百貨店の従業員を指導して米国製品を排斥し国産品を愛用する運動を展開した（上海社会科学院，1981，229-231）。

1948 年から 49 年年初の「三大戦役」を経て，共産党は中国全土で軍事的に優位に立った。1949 年の前半には，共産党の地下組織は永安百貨に従業員からなる「自衛委員会」を設け，政治闘争を強化し，中間的な管理者層を自らの側に付けた。5 月，国民党軍が上海から撤退する中で，永安百貨は五星紅旗を掲げ，共産党の指導に服することを示した。

しかし興味深いことに，例えば永安百貨は新中国の成立後も確認される範囲では 1956 年まで，その本来の所有企業である香港の香港永安公司の指揮下にあり，これに対する利益送金も行っていた。香港に本拠を持つ先施公司など他の百貨店でも，同様の事例が確認される（上海社会科学院，1981，233-235）。そしてこの事実は，市場経済から計画経済への移行，あるいは，19世紀以来の世界的な百貨店のモデルから，計画経済期中国での大規模配給機関としての百貨店への転換が，ある時期に体制や人々の認識が全面的に転換するような形で起こったのではなく，様々な可能性を将来に残しながら，段階的に進んだ過程であったことを示唆するといえるだろう。

それでは，1949 年 10 月の新中国成立から数年間にわたる体制転換の最初期において，中国の（ここではもっぱら上海の）私営百貨店は，どのような状況にあっただろうか。前述のように，流通機構が未整備であり，私営卸売商

を一気に排除することは困難であったため，私営企業に対する改造は段階的に行われた。1952 年までの 3 年間は，むしろ私営百貨店が自主的に新しい状況に適応した時期といえ，私営百貨店に対する改造は，体系的な政策や強制的な措置をとっていなかった。

　新中国初期においては，経済体制の転換よりも，むしろ経済全体の停滞が，百貨店が直面した最大の困難であり，この時期百貨店は赤字に苦しんだ。第 1 に，内戦が終結したばかりの中国では，原材料も，またこれにより生産される工業製品・消費財も欠乏が著しく，百貨店を含め小売業は，販売すべき商品の調達や価格の維持に苦しんだ。第 2 に，消費者の側でも，厳しい社会情勢の中で購買力が低下しており，消費は沈滞していた。第 3 に，国民党時代の物価政策の余波のために，百貨店では手元の流動資産（現金）が不足し，営業にも支障が生じていた。新中国成立前年の 1948 年，激しかったインフレーションを抑制するために，国民党はすべての物価を 8 月 19 日の水準に凍結したうえで，通貨である「金圓券」に対しデノミネーションを行った。しかしこれは，むしろ消費者の買いだめを引き起こし，物資不足と流動資産の欠乏は解消されなかった（上海社会科学院，1981，236；虞，1985，110）。

　このように厳しい状況であり，また新政府が新しい経済体制に向けてどのような措置をとるのかが具体的には明らかになっていなかった。そうした中，百貨店の経営者は，経済体制の転換に備えるというよりも，既存の環境が大枠として続くことを前提に，時期が来れば状況も良くなるとの見込みの下で行動していた。例えば，上海永安公司の総経理であった郭琳爽の場合には，経済情勢を勘案して高級品の販売を当面重視せず景気の回復や調達条件の改善を待つこととし，他方で，近い将来の状況の改善に期待して，従業員を解雇せず雇用を維持した。しかし，永安のそれまでの管理体制や従業員数は，高級品販売・高いサービス水準とそれによる高い粗利を前提にしたものであり，高級品の不振の中では，人員余剰，大きすぎる間接部門，それによる過剰な管理コストと赤字構造に帰結していたことは明らかであった。全体に管理職の人数が多く，1950 年時点で 145 人に達していたが，これは総従業員数の 18 ％を占め，例えば仕入れ部門では 5 人の従業員全員が管理職であった。顧客が減る中で従業員たちは新聞を読んだり将棋を指して時間を潰して

46

いたが，人員削減も，また給与水準の引き下げも行われなかった（上海社会科学院，1981，239)[32]。

　しかしこうした中でも，社会主義改造という経済体制の転換を実感させる変化が起こっていた。1949年10月，永安百貨の隣接地に，国営の上海市日用品公司が設立された。床面積は永安のわずか10分の1に過ぎなかったが，1950年後半の売上高は永安のそれを上回った。しかし永安の対応は，戦略的なものでも抜本的なものでもなく，むしろ場当たり的なものであった。上海市日用品公司に面する側に入り口を設け，当時珍しかった大きな鏡を設けて，顧客が隣接のライバル店から流れてくることに期待したのである。しかしこれは失望に終わった。国営店の人気の前提は，顧客の購買力に見合った低価格品を中心とした品揃えであり，高級品志向という既存の百貨店のモデルを維持したままでは，顧客の取り込みには成功の余地はなかった。こうした中，郭は百貨店同業会（業界組織）への手紙の中で，国営商業について次のように述べていた。「利益を求めるのではなく，物価の安定と投機防止のために，（政府が）国営商業体系を整えた。（しかし）現在は市場は安定しており，国営商業体系がなくても，物価上昇や投機ブームが繰り返えされる可能性は低い」。しかし郭の手紙からは，国営店との競争での生き残りについては，抜本的な方策は窺われない（上海社会科学院，1981，241)。

　このように，経済的・政治的環境の大きな転換への対応は不十分であったが，既存の百貨店のモデルの延長上で，中国初といえるような様々な営業上の工夫が試みられたのも事実である。例えば上述の郭琳爽は，高級品特売コーナーの設立，子供用品売場の設置といった新機軸を導入した。特売コーナーは，当初は値引き率が低く効果は限られたが，その後値引き幅を拡大して一定の売上を達成した。ただしその成果は一時的であった（上海社会科学院，1981，243-244)[33]。「児童世界」（子供用品売場）の設置も，売上への貢献では一時的であったが，新中国政府が掲げた子供重視の政策に対応したものであり，また中国の百貨店の売場構成の歴史からして革新的ともいえ，興味

32)　「上海市商業局，百貨公司業工会等関与環球百貨，百貨商業，華洋什貨商業調研報告」上海市档案館所蔵，档案番号：Q226-2-10。

33)　「1950年上海永安公司帳簿」，上海永安公司内部資料。

深い。1950 年 7 月，永安百貨は子供用品売場を設け，子供服，文房具，おもちゃを一か所にまとめて販売し，装飾も子供向けに工夫した。子供向け映画のチケットや子供向け商品を景品として配り，集客に役立てた（上海社会科学院，1981，245）。新機軸とはいえないが，1951 年には抽選による景品進呈も始め，やはり短期的とはいえ業績の改善につなげた。上海では，ほかの私営百貨店もこれを模倣した（上海社会科学院，1981，245-246）[34]。しかし，これらの工夫の効果はいずれも短期的で，永安に限らず私営百貨店の経営は，この時期に次第に悪化していった。

　上述のように永安ではこの時期にも私営が維持されていたが，政治体制の転換は，経営管理組織にも影響を及ぼしていた。前述したように永安百貨公司には新中国の成立以前から共産党組織が成立していたが，この時期に共産党組織は，経営権の獲得を目指し，一般従業員も動員して経営陣に経営方針の転換を要求した。経営陣はこれに一部譲歩し，従業員の代表 10 名からなる「業務委員会」が経営管理業務の一部を自主的に行うことを認めた。この業務委員会は，仕入れ，販売，値付け，在庫管理を管理下に置き，またその要求に従い，永安は国営企業からの仕入れや，国営商業専門公司の商品の代理販売を開始した。他方，労働条件に直結するその他の要求では，経営改善に直結する固定費や人件費の削減が，「人民当家作主」（主人公は人民である）とする社会主義改造の論理によって進められたことが窺え，興味深い。経営陣ではなく業務委員会の側が，売上の拡大に期待して営業時間の 1 時間の延長を提案し，また月給 50 元以上の高収入を得る役員・幹部職員の給与の削減や，関連企業の従業員の削減を要求したのである。営業時間の延長や関連企業の人員削減は実現したが，幹部職員の給与削減は，経営層の利益に反するとの理由で拒否された。

　前述のように，1952 年，中国共産党は「五反運動」を開始し，私営企業に対する課税圧力が高まり，また脱税に対する取締りが強化された。こうした中，永安百貨内の共産党組織は，脱税が行われているとして，経営陣に対し，経営権を返上し，国営に転換するよう求めた。経営陣は脱税の事実を否

---

34) 「上海永安公司致香港永安公司函件及復信底」上海档案館所蔵，档案番号：Q225-3-31。

定し，上海市政府にもそのように報告した。しかし職員の告発により経営者（「資本家」）に対し罰金刑が課されると，経営者の意識も変わり，改革が始まった（上海社会科学院，1981，254）。

　経営の改革は，業務改進委員会の主導で行われた。「労働人民のためのサービスの提供」を掲げ，高級品の品揃えの割合を減らし，粗利益率が低い商品を導入した。実際，1950年に34％であった粗利益率は，1951年には20％，1952年は18％へと低下した。それまでの高級品の仕入れルートは不要となり，仕入れ部門に代わって各販売部門が新しい仕入れ計画を提案し，業務部はそれにより仕入れを行うようになった。高級品販売の縮小と，他方での日常必需品販売の拡大に合わせ，商品種別による売場の数を36から30に減らした。例えばアクセサリー部門が廃止され，体育用の運動器具の部門が拡大された（上海社会科学院，1981，254）。こうした試みは成果をあげ，永安の売上高は1952年後半に拡大した[35]。

3. 私営百貨店の改造と国営百貨店の成立（1953-1965年）

(1) 経済建設期（1953-1965年）における私営百貨店の改造

　1953年，中華人民共和国では最初の五カ年計画が始められ，それ以降，資本主義経済から社会主義経済への転換が進められた[36]。私営小売業における公営化は，1953年から1960年代末まで，20年近い期間をかけて行われた段階的な過程であった。その前半にあたる1953-1956年には，小売業にとどまらずほとんどの産業部門で私営に代わり公私合営が中心となった。私営経営者は公営化を迫られてはいたが，これに従わずに営業を続けることが依然として可能であった。中国共産党は，公営化の利点を宣伝する報告会を開催したり，計画買付と計画供給の範囲を拡大したりして，私営百貨店の経営において公営の要素を浸透させていった。その結果，私営百貨店は仕入れでの自主権を失い，1956年には，ほとんどの私営企業は公私合営に転換した。

35）　「上海永安公司1952年帳簿」企業内部資料。
36）　中華人民共和国では，ソビエト連邦に倣って五カ年計画が導入され，現在も実施されている。

公私合営の企業においては，増資を行い新株を国が所有する公有株とすることで，公有の比率を高めていった。国は政府の幹部を管理者として私営企業に派遣し，これにより私営経営者は経営の自主権を失った。次の過程は公私合営から公営への転換であるが，これは，制度改革が停滞した1960年代前半の後，1960年代後半に進められた。

まず1953-1956年の状況を確認しておこう。公営化に対する経営者（資本家）による抵抗への対策として，1953年10月から翌年にかけ，私営小売経営者を対象とする公営化の宣伝報告会が各地で開催された（上海市政府の場合には90回）。しかしその宣伝の中身については，現時点では確認できない。

いずれにせよ，1953年以降，中国政府は中間流通において私営商業を規制する計画買付と計画供給を拡大しており，その結果，私営百貨店は国営商業体系から仕入れるほかなくなって，仕入れの自主権を失った。さらに，1954年には，私営の工業企業においても公私合営への転換が開始された。これによって公私合営となった工業企業による小売業への供給は，計画によって行われるようになった。それまで私営工業企業を主要な仕入れ先としていた私営百貨店は，これらの企業から行っていた自由な仕入れがもはやできなくなった（上海社会科学院，1981，270）。

その結果，私営百貨店の品揃えと商品価格は，国営企業から仕入れる国営の小売店と次第に大差がなくなった。他方，当時の市民は，国家統一の高揚感と社会主義建設に対する情熱の中で（Scranton, 2019），政府が進める社会主義改造に対してもこれを支持し，私営百貨店よりも国営百貨店に好感を持っていた（Finnane, 2008: 206）。実際，支払いの時になって初めて永安が私営百貨店であることを知った顧客の中には，それを理由に購入を止める者もいたという。こうした中，品揃えと価格で差がなくなってしまえば，顧客にはもはや，わざわざ私営百貨店を選ぶ理由はなかった。1954年には永安の仕入れ額は前年に比して61％，売上高は53％減少し，48万元6000元の赤字を出すことになった。翌年になると売上は回復したが，これはもっぱら，国営商業体系との取引や国産商品の拡大，それに，国営企業との間で初めて開始された取次販売および代理販売によるものであった（上海社会科学院，1981，259，260-263）。

1953 年から翌年にかけての上記のような経営自主権の喪失と，それに伴う経営状況の悪化の中で，永安を除く大型私営百貨店は相次いで閉店した。香港に本社を置く百貨店の場合には，これは通常，本社が下した経営判断による撤退であった。1953 年，中国国貨は廃業し，信大懋は百貨店を閉め他の業種へと転換し，大新も閉店したうえでその店舗を国営上海市第一百貨商店に貸し出した。1954 年には，麗華は国営百貨公司の代理店となり，国営百貨を名乗って国営百貨の商品を販売するようになった。その結果，1954 年 3 月に私営の形で百貨店を営んでいたのは，永安，先施，中国内衣のみとなった。これら 3 店の基本状況と売上高は表 1-1，表 1-2 で示されている。先施百貨も間も無く香港の本社からの指示により自主経営を断念して店舗の貸し出しに転じ，また中国内衣は国営百貨店の一部となった（上海社会科学院，1981，297；上海百貨公司他，1988，296）。閉店した百貨店の従業員のほとんどは，百貨公司を含む国営公司と商業局に再配置された。例えば先施の場合，その従業員はその後，上海市百貨公司（48 人），区委員会（2 人），中国百貨公司（90 人），五金公司（55 人），交電公司（家庭用金物・電化製品公司，42 人），食品公司（29 人），中医公司（7 人），化学工業公司（4 人），市聯社（6 人），市商業局（3 人）に引き取られた。これらは全て，国営部門である。永安のみが営業を続けた理由は不明であるが，社内資料を編纂した 1981 年の出版物では，店舗規模と固定資産が他の 2 社に比してずっと大きく，そのため経営者の郭琳爽がこれを断念することをよしとせず自主営業が継続されたとの見方が示されている[37]。

1955 年から翌年にかけ，上記のように唯一私営として残っていた永安も，公私合営に転換された。しかし政府は総経理の郭琳爽をその地位から追わず，郭はその後も全面的に公営化される 1969 年に 74 歳で退任するまで，その地位にとどまった。この連続性にもかかわらず，当然ながら，経営のあり方は体制転換の進展とともに大きく変わっていったが，まずは，私営から公私合

37）「新新股份有限公司 1923 年 -1954 年籌建創辦経過，歴届董事人選営業亏盈投資増資，企業管理制度章程，歴年年終算以及企業歇業改造等情況」上海市档案館所蔵，档案番号：Q226-1-63；「先施公司滬行分公司 1954 年人員轉業去向，総管理処人員名単退休人員名冊」上海市档案館所蔵，档案番号：Q227-1-59。

表1-1　永安，先施，中国内衣の売上高（単位：千元）

百貨店＼年	1950	1951	1952	1953
永安	1320	5210	5520	9420
先施	1670	2080	2010	3410
中国内衣	210	230	160	210

出所：『上海私営百貨商業的発生，発展和社会主義改造』234頁。

表1-2　永安，先施，中国内衣の基本状況（単位：千元；従業員は人数）

	資産			負債	純資産	従業員（人）		
	合計	流動資産	固定資産			合計	職員	出資者及び出資者の代理人
永安	11580	1650	9930	1370	10210	752	740	12
先施	2970	150	2820	1090	1880	422	417	5
中国内衣	65	50	15	45	20	76	74	2

出所：『上海近代百貨商業史』298頁。

営への転換の過程を確認しておこう。

　1955年の上海では，卸売業部門で私営形態を取った事業体は，卸売業全体のわずか9％であったのに対し（これらは間もなく公営に転換されるか閉鎖された），小売業ではなお39％が私営であった。上述のように国営商業との取引関係の構築によって一時的に業績は好転したが，1955年6月以降の売上高の減少は著しく，1953年に165万元あった流動資本は，1955年末には19万6000元に激減していた。こうした中で抑制されていた賃金水準への不満に加え，前述した社会主義改造への賛意もあって，職員の間では公私合営への要求が強かった。郭琳爽は，公営化によって経営の自主権や店舗などの資産を失う事態を恐れていたが，政府と従業員の双方による度重なる要求に屈して，公私合営化を受け容れた。

　こうして1955年11月，永安の株主会において公私合営提案が承認された。永安公司は「公私合営永安公司」となり，私営の永安公司（上海）と中国百貨公司上海市公司が共同で出資する会社となった。1956年から，株式の私

的所有が否定されて資本家への配当支払いが停止される1966年までの間，上海永安公司の株の83％は香港永安公司によって所有され続けた。またこの間，公私合営永安公司の株主は，所有株の額面の5％を，毎年配当金として受け取った。上海永安公司から大株主である香港永安公司への送金は，1966年まで続いた。さらにその3年後の1969年には，公私合営永安公司は国営上海市第十百貨商店に改組された。経営体制の転換ばかりでなく，所有制の転換においても，長期にわたり段階的に進める手法がとられていたのである。

公私合営の下で，経営組織はどのように変化しただろうか。それまで置かれていた総監督，監督，総経理の職は，計画経済への転換と仕入れや価格設定などでの自主権の喪失により不要となり廃止された。上海市において国営商業体系を統括する中国百貨公司上海市公司の下に，公私合営永安公司の董事会（取締役会）が置かれ，その監督を受ける永安公司経理室（董事長である郭琳爽と共産党の幹部で構成）が，秘書科，人事科，総務科，商場一科（商品別の販売チーム），商場二科（同左），商場三科（同左），業務科，計画科，財務科，傘下の旅行会社を直接管理した（上海社会科学院，1981，267-272）。

売場運営は，どのように変化したであろうか。周恩来首相は1956年，この公私合営への転換に際し，従来の経営の経験や経営体制の維持を認める方針を示した。そのため，仕入れの自由などそれまでの前提条件は無くなってはいたが，以前の経験をもとにした売場運営の改善は，できないことではなかった。

当時の資料からは，売場運営の改善が，経営者よりむしろ職員の自主性によって進められたことが窺える。永安の共産党組織は，1956年，品揃えの拡充，商品ロスの軽減，サービスの向上，販売目標の達成を目的に，「労働試合」（職場競争）を展開した。職員は自主的に，競争の内容を以下のように定めた。(1) 礼儀正しく接客して商品を紹介する，(2) 商品の陳列を改善する，(3) 商品に対する顧客の意見を聞き（他店の資料だが写真1-2も参照），管理部門に伝え改善する，(4) 需要の変化をふまえて品揃えを豊かにする（上海社会科学院，1981，286）。こうした職員による自主的な経営改善の背景には，社会主義民主政治の出発点である「人民当家作主」（主人公は人民であ

る）の意識があり，公司内の従業員に浸透した共産党組織であった。職員の自主性は他の国での経営近代化や様々な経営上の改善・イノベーションにおいても見られるが，それは通常，経済的な報酬や組織内での社会的評価に基づくものであろう。しかしこの時期の中国においては，職員の自主性を支えていたのは，主人公意識と新しい社会創造に対する熱意であった。

公私合営に転換した後も，販売員は，商品知識を備え販売手法を学習することが求められたのであり，その点ではむしろ連続性が目立つ。永安では，例えばミシンの販売員は，ミシンの構造や機能，調整の技術を学んだ。「一売多介紹」（同じ種類でも，違うデザインや規格の商品を紹介する），「連帯推銷法」（関係がある商品も推奨する），「表演推銷法」（商品の機能と使い方を示す），「貨売一大堆」（同じ種類の商品をカウンターに多量に陳列する）などの販売手法が広められた。さらに，販売員は工場，病院，学校などを訪問して消費調査を行い，調査結果を工場に伝え，商品の改善につなげた。

品揃えの拡充のために，永安では仕入れの権限を各販売チームに与え，各販売員は販売状況を見ながら仕入れる商品の種類や数量を決めた。浴槽，足湯バケツ，鉄鍋，練炭用の七輪，くぎなど，以前は取扱わなかった日用品も導入した。1956年の3月から6月の間に，商品のアイテム数は1万7508点から2万4600点に急増し，公私合営以前の倍近くに拡大した（上海社会科学院，1981，288）。

同時期に先進国で行われていたようなカタログを用いた大規模な通信販売とは異なるが，手紙や電話による注文を受けて郵送で商品を顧客に届けるサービスも，永安では行われていた。新中国成立初期の中国では，郵便局の数は限られたが，上海や主要な地方都市では郵便網が整備されており，また新中国の下では，1950年代後半からいっそう拡大した。電話も同様であり，普及率は低かったが上海では民国期には百貨店を利用する裕福な家庭では電話利用者もおり，1950年代の電話通信インフラの整備によって，電話利用者は増えていた。また郵送販売は，遠隔地の他都市の顧客への販売チャネルでもあった。計画経済期の中国では，上海や北京などの大都市の百貨店に比して地方都市の百貨店の品揃えは量質いずれも見劣りしたから，地方都市の住民には，大都市への出張を利用して百貨店で買い物をする者が多かった。

54

写真 1-2　1960 年代の百貨店（天橋百貨商場，北京）店内
で顧客の意見を聞く職員
出所：『人民日報』1963 年 2 月 6 日。

そこで永安は郵便通販部を設置し，周辺都市からは郵便で，市内の顧客から
は郵便と電話の双方で，少額であっても注文を受け，顧客の住所に商品を郵
送した。カタログ販売ではないため，食品，衣類，おもちゃ等でも品名や規
格が特定されない注文が珍しくなかったが，顧客の要望を汲み取って，商品
を百貨店側が選んで発送した。公私合営への転換後，郵送販売による売上は
大幅に拡大した（上海社会科学院，1981，289；蒋，2019，31）。
　中国でも百貨店は，店頭での既製品販売とは別に，顧客からの注文に応え
て受注生産・販売を行い，また修理サービスも提供していた[38]。永安も同様
であり，顧客からの注文で，菓子，婦人服，紳士服，革製品，文房具，木製
家具，ニット品，絹織物，磁器（注文のデザインをプリント加工したもの）な
どを受注生産・販売した（上海社会科学院，1981，289）。これら受注品の生産
のために，15 の加工工場に生産を委託していた。魔法瓶などの商品の修理
業務は，新中国成立初期に中断したが，公私合営化後に復活した。
　公私合営化後のこれらの経営改革と売場運営の改善，それに公営の要素が
加わり顧客の好感を得たことで，永安の経営状況は好転した。表 1-3 のよう
に，公私合営化後は売上高が毎年伸び，1959 年には 1956 年の約 2 倍の額に

38）「永安商店的雑貨櫃恢復修理手電筒業務」『新民報』（晩刊），1965 年 11 月 27 日。

表 1-3　永安公司公私合営前後の経営指標（単位：%，人数表記のものを除き万元）

	1955 年	公私合営後			
		1956 年	1957 年	1958 年	1959 年
売上高	601	1786	1952	2675	3448
仕入れ額	505	1753	1544	2434	3045
平均商品在庫高	42.1	161	242	250	529
在庫回転率	14	11	8	11	6
費用	135	150	156	149	173
売上高費用比率	23 %	8 %	8 %	6 %	5 %
費用のうち人件費	87	89	101	90	84
その他福利費	6	8	9	9	14
利益率	− 40 %	+ 54 %	+ 56 %	+ 134 %	+ 194 %
従業員数（単位：人）	559	664	832	898	766
国営公司からの仕入れ割合	75 %	88 %	90 %	90 %	90 %

出所：上海百貨公司・上海社会科学院経済研究所・上海市工商行政管理局編（1988）『上海近代百貨商業史』，313 頁。

達した。売上高費用比率は公私合営前の 23 % から 1959 年には 5 % に低下した。

　公私合営への転換から 14 年後の 1969 年 11 月，前述のように，永安は公私合営から国営に転換し，上海市第十百貨商店となった。その 3 年前の 1966 年には，株式の私的所有が否定されていた。永安におけるこの国営への全面的な転換については資料は見当たらず，詳しい経緯はわからない。しかしこの時期，全国的に，また百貨店に限らず全ての産業部門で公私合営から国営への転換がなされており，永安もその中で同じ扱いがされたと推測される。

　このように，第 4 章で検討する 1978 年以降の計画経済体制から市場経済体制への移行と同じく，1949 年から全土で行われた市場経済体制から計画経済体制への移行も，長い期間をかけて進められた段階的な体制転換の過程であった。しかもいずれの方向での変化においても，「公私合営」という中間形態を経験した。1978 年における経済体制の改革の開始から，今日まで

すでに 40 年を経ており，他方，新中国の成立から 1978 年までは約 30 年であることから，過去 70 年の中国の経済体制や流通業の歴史は，前半を計画経済の時代，後半を市場化の時代と捉えがちである。しかしこのように計画経済体制の確立への過程を振り返ると，私的所有が全面的に否定され，経営の自由がほとんど失われていた時期は，1960 年代後半から 1980 年代までの，10 数年から 20 数年の期間に過ぎなかったことが浮き彫りになるのである。

(2) 国営百貨店の成立とその経営

　計画経済体制の下で，日用必需品の購買の場として最も重要な役割を担った国営百貨店は，1953 年，上海市第一百貨商店を皮切りに全国各地に登場した。これら国営百貨商店のすべては，中国百貨公司の管理の下に置かれた。本節では，最も早い時期に設立され，他の国営百貨店のモデルとなり，そのため歴史資料も比較的豊富な北京市百貨大楼（写真 1-3）を主な分析対象としつつ，必要に応じて上海市第一百貨商店についても触れながら，新中国において新たに成立した国営百貨店の経営状況と売場運営を検討する。

　新中国初期の物資不足を和らげ市場の混乱を解消するために，中国百貨公司の各地の支公司は各地で国営百貨店を設立した。これらの店舗のうちでも，北京市百貨公司は，首都北京に位置すること，また上海に比して北京では，

写真 1-3　北京市百貨大楼の完成予想図
出所：『人民日報』1954 年 5 月 5 日。

それまで目だった百貨店がなかったこ
とから，国営百貨店の設立では重要な
役割を果たすことになった。北京最大
の商業中核地といえば王府井大街であ
り，1950年代初頭には国営・私営の
商店がここに多数立地していたが，大
型百貨店が欠けていた。祝日や週末に
は商店は混みあい，品薄に便乗した価
格のつり上げや不良品販売が問題に
なっていた。それまで王府井最大の商
店は戦前から営業していた王府井第一
商店であり，これは新中国の下で北京

写真1-4　魔法瓶と洗面器も取り扱う北京
　　　　　東四百貨商場
出所：『人民日報』1963年9月28日。

市百貨公司（中国百貨公司北京市公司）の管理下に置かれていたが，老朽化が
著しかった。そのため北京市工商局は，1951年にこれを建て替え北京市百
貨大楼とすることを計画した。

　前節でみたように，上海では私営の百貨店が1930年代から営業を行って
いたが，1955年に開業したこの北京市百貨大楼は，中国商業部と北京市商
業局によって北京初の国営百貨店として政府の威信をかけて構想・建設され
たものであった。その品揃えの方針は，「豊富な種類，良質な商品，高・中
級商品を中心に」というものであり，既存の百貨店との間で品揃えの方針に
明確な違いはみられないが，その店舗は既存の私営百貨店よりも遥かに大規
模であって，また価格の安定，公正取引など，新政府の政策意図を反映して
おり，また社会主義建設の成果を示す役割を期待されていた。前述のように
すでにこの時期，「勤倹節約」が強調されていたが，しかしそれでも，高級
感のあるショッピング環境の提供が意図されており，非日常性を求める顧客
の期待に応える売場となっていたことは間違いない。

　まずその品揃えについて確認しておこう。北京市百貨大楼の品揃えの特徴
は，高級品・中級品に限らず，一般市民が日常的に必需品として消費する廉
価な商品までを販売していたことである。贅沢品といえるファーコートやカ
メラなども販売されていたが，鉛筆，ゴムなどの文房具，針入れなど誰でも

使うような安価な商品が販売された。1955 年 10 月に周恩来首相が来店した際には，一般の農民も吸っていた 8 分（人民元，銘柄：「大生産」）のタバコを購入したことが報じられている（郭，2003，27，29，31）。北京市百貨大楼に先立ち 1953 年に私営百貨店を引きつぐ形で開業していた上海市第一百貨商店も，北京市百貨大楼と同じく，日常生活の必需品をも含む幅広い品揃えに転換していた[39]。こうした状況は，北京東四百貨商場の様子（写真 1-4）からも確認できる。

　国営百貨店のショッピング環境は，節約を強調する時代精神の下にありながらも，特別な空間を演出するものであった。店内の内装や設備は華美ではないが装飾的なものが用いられ，贅沢な雰囲気は忌避されたが芸術性のあるものが採用された。北京市百貨大楼では，有名な建築家が設計を担当し，内装材や外装材には特別のものが用いられた。1 階から 3 階の売場すべてに顧客用の試着室，休憩所，化粧室（トイレ）が設置された。外装には，上海から調達された黄色のレンガ，黒い大理石，セメントなどが使われ，内装は民族風の装飾が施された。しかしこれは『北京日報』などで無駄遣いと批判され，一部の材料とデザインは変更された（郭，2003，17-19，23）。私営百貨店であった大新公司の店舗を利用して新たに発足した上海市第一百貨商店も，当時中国では極めて珍しかったエスカレーターやカフェを大新公司当時のまま維持し，自動販売機や休憩所も設置した（李，2008，16）。そのショーウィンドウの芸術性は鑑賞に値するとの新聞記事も残されている。同店がショッピング環境の整備に工夫を凝らしたことが見てとれるだろう[40]。

　国営百貨店の仕入れでは，仕入れルートの多様性や，国営工場からの仕入れでの優位性などが窺える。その中でも北京市百貨大楼は，当時は全国仕入れの権限を持っている唯一の百貨店であり，中国全土からの仕入れが品揃え

39)　「珠光宝気——百貨商店新増両部門」『新民報』（晩刊），1956 年 10 月 9 日；「第一百貨発展史」『新民報』（晩刊），1957 年 9 月 28 日。

40)　「国営第一百貨新門市部明日開幕：二十一個商品部門備貨花色達二万多種」『新民報』（晩刊），1953 年 7 月 21 日；「国営第一百貨商店的櫃台布置」『新民報』（晩刊），1953 年 9 月 29 日；「第一百貨商店的自動扶梯」『新民報』（晩刊），1953 年 11 月 4 日；「南京路上橱窓放異彩　介紹第一百貨商店的橱窓新布置」『新民報』（晩刊），1962 年 10 月 13 日。

に貢献した。北京市百貨大楼の場合は，日用品に関する全国規模の商品供給会（政府機関である商業部が生産部門と流通部門を接続するために組織した商品調達会）を利用することができ，また二級以下の卸売拠点しか利用できない一般の国営百貨店と異なり，上海・天津・広州など大都市に設けられた一級卸売拠点から仕入れることもできた。1950年代から1960年代にかけては，仕入れ担当者を全国の大都市に派遣しており，その一部は長期駐在員であった。仕入れの内訳は，域内が70％，域外からが15％，工場委託加工が10％であった。また，北京市商業局は，一部の国営小売商店が卸売公司を経由せず生産工場から直接仕入れることも許可した。北京市百貨大楼もその一例であり，工場と直結して生産手配，仕入れの手配，代金決済を行った。1962年に同店は，衣料品，文房具，織物の工場など，237社と直結の取引関係を有していた（郭，2003，31，32）。

　第1節でみたように，1950年代には商品の多様化が進み消費生活が豊かになった一方，当時から勤倹節約も唱えられるようになり，1960年代には商品や消費スタイルの画一化が進んだ。そのような流れからみると，国営百貨店は消費スタイルの画一化を先導したと捉えられがちであるが，しかし実際には，それとは逆に，ファッションの多様化を先導する役割を担おうとしたこともあった。その例を，1955年から翌年にかけて政府主導で行われた「服装改革運動」に対する対応にみることができる。衣料文化の改善を求めるこの運動は，学者や『人民日報』など新聞各社の提唱で開始されたものであり，古いデザインの服を捨て，新しい時代にふさわしいように経済性，実用性，ファッション性を高めた衣料品を身に付けて，消費と生産の多様化を促進すべきとしていた。こうした動きに呼応し，上海市第一百貨商店は，1956年に「上海婦女児童服装展」を開催し，これには38万人が訪れた。この服装展では，人民服とは対極的な，花柄も含むカラフルな生地や，装飾性やデザイン性に富む婦人服や子供服が展示された。しかもそれらはそれほど高価なものではなかった。展示即売会では，仕立て受付カウンターが設けられ，1000件以上のオーダーを受注した。これによって消費者の反応をみた工場と百貨店は，秋シーズンの商品として，通常の製品よりも明るい色の人民服やコート，縞模様やラシャのスーツ，チャイナドレス，高級毛皮製品を

60

提供した（郭，2003，40）。北京市百貨大楼も，1956 年に服装改革展を開催
した。1963 年にはプラスチック製の日用品の展示即売会も行われた[41]。

　国営百貨店はまた，様々な商品紹介のパンフレットを作成して，品揃えと
消費の多様化を先導した。上海市の国営百貨店や国営小売店を傘下に有する
上海市百貨公司は，毎月，『上海日用百貨・文化用品消費介紹』と題するパ
ンフレットを発行し，商品の使い方の紹介を通じて普及を推し進めた。たと
えば，1968 年 10 月号には「いかに外観からプラスチック製品を見分けるの
か」という文章が見える。執筆には，上海市百貨公司，小売店，製造会社が
あたっている[42]。

　もっとも，肝心の消費の多様化の促進という面では，1950 年代半ばの服
装改革運動，百貨店の服装展にも，また 1950 年代以降継続して行われたパ
ンフレットの配布にも限界があった。服装改革運動の中で服装展を訪れた
人々も，実際には着装の習慣を変えなかった。依然として人々は濃紺色の人
民服を着続け，素朴な統一性が続いた。服装展にも，ほとんどの参加者は人
民服を来て訪れた。新聞記事はこうした傾向を次のように描いている。

　　夫婦は服装展で様々な柄の生地を 45 分間鑑賞した後に，第一百貨商
　店の 3 階に上がって，濃紺色の人民服用の生地の売場に行った。
　　『紺色の生地を買うの？』夫は聞いた。
　　『そう。服装展では，みんなは紺色の生地の服を着ていたから』と妻
　は答えた。
　　『まあ……柄物は鑑賞だけだね』と夫が言った[43]。

　もちろん，百貨店は勤倹節約の生活スタイルにも応じてサービスを提供し

---

41)　「去看花布図案」『新民報』（晩刊），1955 年 9 月 3 日；「婦女児童服装展覧会開幕」
　　『新民報』（晩刊），1956 年 4 月 1 日；「服装展覧会参観者踊躍」『新民報』（晩刊），
　　1956 年 4 月 2 日；「38 万人参観了婦女児童服装展覧会」『新民報』（晩刊），1956 年 4
　　月 29 日；「展覧二百多種新装」『新民報』（晩刊），1959 年 5 月 4 日。
42)　「上海日用百貨・文化用品消費介紹」第 30 期，1968 年 10 月，6 頁。
43)　「専供評選的花布図案」『新民報』（晩刊），1955 年 12 月 21 日。

た。たとえば，上海市第一百貨商店の生地売場の店員は，縫製技術に習熟しており，人民服の仕立ての際の生地の最小使用量を算出できた。当時は既製服はそれほど一般的ではなく，消費者が生地を買って自分で縫製するのが普通であったから，節約を旨とする顧客にとって彼らは重要なアドバイザーであり，これらの店員は顧客を誘引する看板店員となった。上海市第一百貨商店の名店員は，一日に 200 名以上の顧客向けに生地使用量を計算し，平均すると顧客 1 人あたり 1.5 メートルの生地を節約できたという[44]。

　多くの先進国での状況と同じく，計画経済下の中国においても，百貨店は，注文服の生産において重要な役割を果たした。またそれは，品揃え不足の解消と生活の多様化をもたらすものでもあった。衣料品の生産が未発展だった北京市では，北京市百貨大楼が 1954 年に服装加工部を設立し，品揃え不足の解決を図った。これは人民共和国の指導者，外交官，外国人のために設立されたものであるが，設立後まもなく，一般の消費者に対しても注文服の生産に応じ，すぐにこちらの方が中心的な業務になった。40 人の従業員で開始し，その後，上海と大連出身の 18 名の熟練工を加えた。1956 年には 5 つの私営縫製工場を合併し，305 人の工場へと拡大した。高級品を中心に，紳士服，婦人服，人民服のすべてを生産した。また服装加工部には修繕部が設立され，勤倹節約の要請に応えた。スーツから人民服への仕立て直しの注文が最も多く，修繕部のカウンターはいつも混んでいたという（郭，2003，42-48）。

　国営百貨店でも，私営あるいは公私合営百貨店と同様に，スタッフの配置，営業時間の調整，陳列の改善などで工夫がなされ，商品配達も行った。北京市百貨大楼は開業当初，北京市内の私営商店で小売業務の経験がある者を採用し，また大連・上海などからは，洋服の仕立てや，楽器の補修，ラジオ・時計の修理の技術を持つ職員を招いた（郭，2003，23，28，61）。自転車の修理や組み立て，ラジオ・時計の修理，生地使用量の見積りなどのサービスが提供された。修理の間，顧客には無料で代替品を貸し出した。体が不自由な顧客のために特別な服を仕立てる部門も設けられた。また上海市第一百貨商

44）「售布時帮助顧客精打細算」『新民報』（晩刊），1954 年 11 月 22 日。

店は，工農群衆（農民と労働者）の就業時間を考慮し，午前10時から午後6時であった営業時間を午前8時から午後8時へと変更した。配達サービスでも，配達途中の損傷を避けるためにパッケージを工夫するなど，さまざまな改善がなされた[45]。

　1960年代の初め，大飢饉に見舞われた中国では経済的な窮乏が著しかったが，百貨店も，そうした状況に応じたサービスを提供した。修理・修繕業務の拡大はその1つであり，例えば古いシャツの襟の交換などが行われた。低価格の生活必需品の品揃えを増やし，また薬は一粒から，便箋は一枚から販売するなど，通常より少ない数量での販売も行った。配給制の広がりとともに配給切符での商品購入が普通になり，購入のための行列，買いだめなどの光景が日常的になった。こうした中，小売店員のサービスや接客態度は全般的に悪化した。そのため百貨店は接客サービスの改善に努めた（郭，2003，55，61）。

4. 売場運営の動揺と回復（1966-1978年）

　1966年から1976年の間，中国は，文化大革命，あるいは後に「十年動乱」と呼ばれるようになった政治的・社会的変動の波に見舞われた。これは，毛沢東が，党内資本主義の復活阻止と封建文化の批判を掲げて始めた運動であり，社会全体を巻き込んだ。資本主義の復活を阻止せよとの動きの中で，百貨店を含め，流通・商業関連の政府部門や商業企業全般は，営利を目的に物質欲を刺激する存在と見なされ，批判の対象となった。百貨店を管理する商業関連の政府部門は混乱に陥り，百貨店の営業は維持できなくなった（『当代中国商業』編集委員会，1987，67）。

　このような状況の下で，百貨店の内部でも大きな混乱がおこり，それまで改善を続けてきた売場運営も否定された。しかしこの時代の状況に関する資料は極めて少なく，体系的に当時の状況を再構成することは困難である。こ

45）「試行『二班制』延長営業時間」『新民報』（晩刊），1953年7月21日；「不断的創造銷售貨物的方法」『新民報』（晩刊），1953年11月17日；「把貨色很快的送到顧客手里」『新民報』（晩刊），1953年11月20日。

こでは，断片的な記録から当時の百貨店とその売場運営の状況を垣間見ておこう。

　2003 年に編纂された北京市百貨大楼の社史は，十年動乱の中での同社について，以下のように記している。「造反派は 1967 年 1 月 19 日に，百貨大楼の企業印を奪い，共産党員からなる百貨大楼の経営陣に解散を命じた。百貨大楼の管理機構は全面的に機能を停止した」。前年の 1966 年 8 月には，店名を示す看板が撤去され，工芸品，化粧品，将棋やカード等の娯楽用品，柄物・色物の衣料品，歴史的な人物に関する出版物の販売が禁止されていた。販売が禁止された商品は 6583 品目，売場全品の 24 ％にのぼった。衣料品売場には，軍服と，青，グレー，黒の人民服のみが残された。前述の修理サービスや修理の間の代替品の貸し出しも批判され，一時は中止に追い込まれた。1966 年の売上高は，絹織物で前年比 42 ％減，毛織物で 47 ％減，革靴は 51 ％減であった。1967 年の年間売上高は前年比で約 2 割減り，翌年の 1968 年にはさらに 1 割減少した（郭，2003，85 - 87，99）。

　しかし 1970 年代に入ると，百貨店の経営は，動乱からの回復の軌道に乗り，売場運営の整備と改革が進んだ。北京市政府は 1968 年末から北京市百貨大楼の経営陣を刷新した。新しい経営陣は，百貨店の経営や商業・流通業に関する知識・経験を欠いており，経営や販売という概念は依然として禁句であった。しかしそれでも，1972 年 3 月には，1968 年に売場から撤去され販売禁止とされていた商品が再び売場で販売されるようになった。1973 年 6 月，同店の管理組織（財務科，労資科，宣伝科，組織技術科，総務科，組織科，安全科，計画業務科，行政事務室）が復活した。中断していた修理や代替品の貸し出しサービスも 1975 年に復活した。1977 年になってようやく，北京市百貨大楼は動乱前のサービスと品揃えを全て復活させた。その翌年の 1978 年には，毛織物の売場が閉架式販売から開架式販売（閉架式／開架式の販売方式については第 4 章で詳述する）へと変わっていることから（写真 1-5 参照），百貨店が近代化と改革の軌道に乗り始めたとも見ることができる。同じ年，仕入れにおいても，外部からの仕入れと工場への委託加工が拡大され，品揃えが拡充した。

　1978 年 12 月，文化大革命を終結させ改革開放路線を定めた中国共産党第

写真 1-5　1978 年の北京市百貨大楼の閉架式売場
出所：『人民日報』1978 年 7 月 9 日。

十一期中央委員会第三回全体会議において，経済管理体制における権力集中を改め，地方と企業に対して，国家の統一的な計画的指導の下，大胆に経営自主権を与えることが決定された。北京市百貨大楼でも，これに先立ち，1978 年には売場運営改善の自主性が回復していた。祝日に合わせた仕入れと品揃えを行い，春節には店舗前広場に正月用品売場を設けた（郭，2003，93，99，103）。

5.　計画経済期の百貨店は「百貨店業態」といえるのだろうか？

　計画経済期の百貨店は，第 4 章と第 5 章で検討する改革開放後の百貨店と同じく，移行の方向は逆であっても，経済体制の移行とそれに伴う流通体制の改革を経験した。その中でも，私営百貨店の段階的な公営化過程，特に永安百貨のそれは，注目に値する。永安の経営者（資本家）は，この転換に対して不安の中で場当たり的な対応を取り，抵抗したものの，経営の自主権を徐々に失った。一方，従業員は自らが時代の主人公であるとの意識を持ち，自主性を持って公営化の担い手となり，売場運営や経営体制の改革を推進した。この変化は，新中国の成立とともに始まっていた。しかし永安の場合には，経営の自由が完全に失われていた時期は，1960 年代後半から 1980 年代

までの比較的短い期間でしかなかったのである。また公私合営や公営に転換した後にも，政府が，私営時代の経営者でありかつては「資本家」とされた者を経営の座に留めたことは興味深い。

　1960 年代半ばから 1970 年半ばにかけて，百貨店は停滞状態に陥った。しかしそれに先立つ 1949 年から 1966 年の時期においては，物資不足，低所得，低い生産能力，消費の停滞という社会全般の状況の下で，百貨店が一般大衆の生活の豊かさや消費の多様化に貢献したのは間違いない。時々の社会的・経済的な状況に応じて，サービスの向上，仕入れルートの多様化，ショッピング環境の整備，宣伝広告，服装展の開催，加工工場の設立などの創発的取り組みが行われたのである。

　しかし全体として見れば，百貨店による売場運営や仕入れの改善・整備による消費者への影響力には，限界があった。長らく戦争や国の分断に苦しめられた中国人は，共産党の指導の下での新中国の成立を歓迎し，誇りを持った。共産党が掲げた勤倹節約の生活や「人民当家作主」の精神を受け入れた。このような時代状況の下では，百貨店が提供した良質なサービスや豊富な品揃えよりも，勤倹節約の生活スタイルと「人民服」に象徴された統一的（画一的）な消費スタイルの方が，人々には受け入れやすかったのである。そのため，百貨店が整備した売場運営と仕入れは，その機能を発揮できなかった。新中国成立の初期には，特売コーナーや抽選活動などの販促活動は消費を刺激する効果を持ち，またその後の改造によって誕生した私営百貨店や新しく登場した国営百貨店は，仕入れの拡大と売場運営の改善によって，豊富な品揃えや良質なショッピング環境の提供に努めた。しかし結局のところ，「人民」は消費意識を変えなかったのである。そのため百貨店も「勤倹節約」という社会価値観に適応する形で，修理サービス，ごく少量での商品販売，低価格商品の品揃え拡大などに力を入れた。このように，消費革命と小売業の変化という面では，生産者や百貨店よりも，むしろ「人民」という名の消費者が主導権を持っていたのである。

　業態という観点からすると，計画経済期の百貨店が，19 世紀に欧米で成立した百貨店業態とは異なる要素を持っていたことは明らかである。戦後復興と社会主義改造を経ても，良質なサービスやショッピング環境，それに豊

富な品揃えを提供したという点では，中国の百貨店も他国の百貨店業態と変わるところはない。しかし計画経済体制整備の初期に，物不足と市場の混乱，消費の停滞の中に置かれた百貨店は，高級品を中心としたそれまでの伝統的な百貨店とは異なり，高級品から一般人民用の低価格商品まで，様々な種類の商品を提供していた。すべての顧客をターゲットとし，低所得者層の生活の改善をも目指していたのである。この時代の中国の百貨店は，消費の多様化，市場秩序の改善，日常生活における需要の充足を担う小売店であったといえるだろう。

第2章

改革の漸進性と圧縮された変容
──改革開放後の体制転換

　本章からは，改革開放後の時期が研究対象となる。本章は，改革開放後の流通再編を規定した制度的・経済的な変化を先行研究や官公庁統計等に依拠しつつ概略的に示す。そのうえで，業態別の具体的な分析の前に，ひとまず改革開放後の小売業態の構造の変化を時系列的に確認する。

1. 流通産業における制度的な変化

(1) 所有形態の多様化

　改革開放政策は，1978年12月に開催された中国共産党第十一期中央委員会第三回全体会議を起点とする。その柱は国内体制の改革と対外開放であり，計画経済から市場経済への移行がこれによって行われた。しかし市場経済に移行すると，それまで国家経済の担い手であった国営企業は，一転してそのお荷物となった。というのも，「計画経済のなかで国営企業は製品の生産，販売，そして雇用や賃金の決定まですべて政府のお膳立ての中で生産活動をしているので，市場経済の自由な競争には適応することが難しいからである。市場に放り込まれた国有企業は経営効率が悪化して売上が落ち」たからである（丸川，2013，194）。民営企業には，国営企業の非効率性を競争原理によって是正する役割が期待された（伊藤，2004）。

　改革開放政策の開始後，1980年に初めて民営企業の活動が認められた。

68

対象となったのは，従業員が 7 名以内の「個体工商戸」であった。1986 年には従業員が 8 名以上の民営企業も公認された。しかし 1990 年代半ば頃までは，政策転換によって再び公有化を迫られる事態を危惧しながら経営するような状況であり，依然として少なからぬ部門で民営企業は産業から排除されていた。改革開放といっても，民営企業が政策転換を恐れずに大手を振って活動できるようになったのは，1997 年の中国共産党第十五回大会以降であった。こうして民営企業の発展を防げる政策・制度上の問題は 2000 年頃までにかなり解消されたが，それでも民営企業の進出を阻害する規制は現在に至るまで残っており，2005 年と 2010 年に，中国政府は民営企業の参入促進の政策を打ち出している（丸川，2013，273-276）。

　外資系企業の役割では，1978 年と 1992 年が節目となる。1960 年にソ連からの援助が途絶して以降，中国は閉鎖的な経済体制をとり，外資系企業は姿を消した。しかし 1978 年末の対外開放政策への転換後，状況は段階的に変化した。対外開放は，1977 年から 78 年にかけての日本など西側諸国からの大量の工場設備の購入から始まった（呉，2015，302）。その後，「二重貿易体制」，「経済特区」の設定，委託加工制度により輸出が拡大し，外国資本による直接投資も始まった。しかし流通産業において外資系企業に本格的な進出が許可されたのは，1992 年の鄧小平の南巡講話（鄧小平が武漢，深圳，珠海，上海などを視察し改革開放路線の停滞打破を求める一連の声明を発表）以降のことである。これにより改革開放政策が加速され，それまで外資の参入が例外的にしか認められなかった第三次産業を中心に，外資導入業種の範囲が拡大された（日向，2003，34）。

　こうした流れの中，1991 年から外資系百貨店が，1995 年からは外資系スーパーが中国に進出し，さらに 2001 年の WTO 加盟によってこの動きは加速した。「WTO 加盟以前には，中国政府は既存の国有小売企業の市場が奪われないように，主要都市で 1，2 社に限定して外資の小売業への進出を認める方針をとっていた」（丸川，2013，256）。WTO への加盟に際し，中国は金融や流通等の分野においても外国企業の直接投資に門戸を開放することを約束した。加盟後，中国政府が外資系小売業に対する出資比率制限や進出地域に関する制限を段階的に撤廃すると，カルフール，ウォルマート，大潤

発（RT-Mart）等の大型スーパーマーケット[46]が全国で急速に店舗網を広げていった（丸川，2013，230-257）。その後，スーパーに加え，百貨店業態，コンビニエンスストア業態等でも外資系が拡大していった。

　所有形態の多様化は，小売業に以下のような影響を及ぼした。まず，外資系企業が既存の国有企業の変革を刺激した。政府は，国有企業が外資系小売業を見習って変革することを期待していた。サービス業のノウハウの模倣は工業製品の模倣よりも難しい面があり，国有企業の改革はなかなか進まなかったからである。

　また民営企業の参入は，業態の多様化を促した。改革開放政策の開始時点で国外では多様な流通業の業態が競い合っていたが，当時の中国にはそうした多様性はなく，1990年頃まで中国の小売業を主導していたのは国営（国有）商店と，その中心である百貨店であった。この構図は，民営企業が他の様々な業態の誕生の担い手となったことで崩れた。中国に進出した外資系企業が新しいものを持ち込んだという一般的なイメージがあるが，業態の多様化では，本章や第3章でみるように，外資の役割よりも民営企業の役割が大きかった。所有形態の多様化は，業態内の競争を激化させ，業態の成長を促進した。特に民営企業と外資系企業は，サービス水準が低く経営効率が悪い国有企業に影響を及ぼした。

(2) 価格の自由化

　第1章で触れたように，計画経済期（1949-1978年）には，商品の価格は段階的に政府の統制の下に置かれるようになった。新中国成立後に発生したインフレーションを克服するため，1950年2月に中央政府は物価の管理を中央貿易部に委任し，全国規模で物価の統制を目指したが，これが政府によ

---

46)　大型スーパー（大型超市）は General Merchandise Store（GMS）であり，都市の商業中心地，農村部と都市部の合流地域，大型住宅地に立地し，付近の住民と流動人口をターゲットとすること，営業面積が 6000 平米以上であること，セルフサービス方式であり，営業面積の 40 ％以上が駐車場であり，情報管理システムを有していること，日常生活で必要な物を総合的に扱う大規模小売業態であることが要件とされる。「超市」（以下はスーパー）と「大型超市」の違いは立地，ターゲット，品揃え，営業面積である。

る価格規制の始まりとなった。遅くとも1958年時点で、全商品の価格が中央政府によって一元的に決定されていた。同じく1958年に、一部の商品の物価の決定権が地方政府に委ねられた。しかしそれから4年後の1962年3月にはこれは撤回され、再び全商品について中央政府が定める公定価格が設けられた（『当代中国商業』編集委員会，1987，306，311，312）。それ以降、20年以上にわたって商品の価格は政府による直接の統制下に置かれたが、これは、1980年代以降、徐々に撤廃され、価格決定における市場原理の要素が強まっていった。

　これと並行して、政府が生産者から買い上げて需要者に配給する商品の割合も減っていった。配給切符の中で最後まで残った食糧切符（「糧票」）は1993年に廃止され、政府による鋼材の企業からの買い上げと鋼材使用企業への配給も、1994年が最後となった。1994年には、価格と流通に関してはほぼ市場経済化が完了した（丸川，2013，63）。このように、中国では価格の自由化には15年もの時間をかけたのである。よって改革開放の時代とは単純な市場経済の時代とはいえず、少なくともその最初の15年間は、市場経済と計画経済が混在する時代であった。

　価格の自由化が段階的に行われた1980年から1994年の15年は、国有百貨店改革の時期にも重なっており、価格自由化は国有百貨店の改革に影響を及ぼした。価格の自由化と配給制度の廃止によって消費者は商品を自由に選択できるようになった。これは消費を刺激し、百貨店の品揃えの多様化を促した。価格の自由化によって初めて、百貨店は衣料品の質、流行の要素や季節性、販売サイクルの性格、ブランド等に即して売価を設定し、あるいは割引販売を行うことができるようになったのである。価格設定の自由度が増すと、リスクを冒しての多品種、多ブランドの衣料品の導入や、流行の要素の強い商品の取扱いが可能となり、省外からの仕入れの余地も増した。また価格自由化は、品揃えの拡大を介して、間接的に売場の革新をももたらした。開架式販売や、箱売場（商品ブランドごとの売場。藤岡，2016，95）が登場したのである（淄博市地方史誌弁公室，1992，267）。

(3) 経営の自主権の獲得

　本書の研究対象の部門では，1950年代から1980年代までの時期には国営企業とその店舗は経営の自主性を持たず，これが経営効率の向上を妨げていた。百貨店は，改革開放初期には，事業領域（取り扱う商品やサービスなど），経営方式，価格設定，雇用・採用・待遇などの決定権を持たなかった。経営の自主性の欠如というこの問題を解決するために，(1)「経営請負責任制」（請負制）の実施，(2)「四開放」（四放開），(3) 会社制度の実施，(4) 国有企業の民営化が行われた。以下ではこれらの中身をみてゆこう。

　国有企業の改革の一環として，1987年から，百貨店も含めほぼすべての国有企業が「経営請負責任制」を採用し，経営の自主権を獲得した。ただし一部の百貨店では，これに先立つ1980年代前半から経営請負責任制を実施していた（『郵電企業管理』資料室，1983，21-22）。この経営請負責任制では，企業経営者がこれを管理する政府部門と請負契約を結ぶ。期間を特定して利益のうち政府に上納する額を定め，利益の残りは，請負責任者がその使途を自由に決めることができる。赤字企業の場合には赤字額の削減を請け負わせ，これを達成した企業に対しては政府は助成金を与えた（丸川，2013，202）。

　また，1990年以降になると，国営企業において所有権と経営権の分離が本格化した。所有権はあくまで国に属するが，経営は国の指揮を離れて経営者が行うようになったのである。そのために，「経営の開放」，「価格の開放」，「配分の開放」，「雇用の開放」からなる「四開放」[47]と呼ばれる改革が実施された（龔，1993，41）。経営権の獲得により，国有百貨店は事業内容，価格決定，利益配分，雇用に関する決定権を得た。

　前述の施策においては，「所有権と経営権の分離」という言葉が示すよう

---

47)　「経営制度の開放」では，国家が指定した一部の商品は別として，市場条件に合わせて事業分野を決定する自由を企業に与えた。百貨店企業の場合には，卸売業務を兼業するか否かや，取扱い商品の範囲を自由に決められるようになった。「価格制度の開放」では，公定価格対象商品や公益事業の価格を除き，販売企業に商品価格の自由な決定権が与えられた。「分配制度の開放」では，従業員の賃金等の決定権が企業に与えられた。「雇用制度の開放」では，国営企業であっても終身雇用制原則によらず，全員労働契約制度（労働契約による雇用を全員に適用），管理職招聘制度，内部失業制度（一時的な停職）が実施された。

に経営者に企業を任せる建前であったが，しかし実際には，政府は経営への
介入をやめなかった。企業の自由に任せて破綻した場合，どのように処理す
るのかが明確でなかったからである。しかし改革の次の段階で会社制度が導
入されると，この状況は変化した。資本主義の長い歴史の中で形成された会
社制度は，企業の所有者が経営者を動機づけ監督する仕組みとして成熟した
体系を有しており，出資者としての国家は単に企業に資産を貸すのではなく，
企業の資産を監督することができる（丸川，2013，202-203）。また，経営悪
化で企業が破綻すれば出資者にも損失が生じるが，有限責任制の下ではその
損失は出資額の範囲に限られるため，国有企業の負債を国家が無限に肩代わ
りする必要はない。

　1994 年施行の公司法によって，会社制度が一般的に規定された[48]。これに
基づく国有企業の場合，政府のみならず他の者も株を購入して出資者となり，
株主総会への参加によって企業の統治に参加できる。政府とその他の出資者
は株主総会を通じて企業経営を監督するが，日常の経営は取締役会（董事会）
による自主的な運営に委ねられる。政府以外の出資者が株主として加われば，
企業経営の政府からの自立性は高まる（志村・奥島，1998，47-49）。例えば，
第 4 章で述べる「済南華聯商厦」の前身は国有の「西市商場」であるが，株
式会社への転換により経営権を獲得し，それまでの経営者も引き続き企業経
営を行っていた。

　1990 年代に進められた国有企業の民営化も，それまで国有であった企業
の経営の自主性を大幅に拡大した。この民営化は中小企業を中心になされた。
1995 年時点で中国には 25 万社の国有企業があったが，うち 24 万社以上が
中小企業であった。国有企業の効率の悪化や利益率の低下が 1990 年代に

48）　中国語の「公司」は日本語の「会社」に相当する。1994 年に施行された公司法は，
それまで国家機構の一部であった国有企業を会社組織に転換する道を開いた。公司法
では，有限責任公司（有限責任会社）と股份有限公司（株式会社）が規定されている。
ただしこれらは，1994 年の会社法で初めて創設された会社類型ではない。1979 年末
以降の「開放政策」の中で，これに先立ち各種の全国レベルあるいは地方レベルの法
令が，会社制度について様々な規定を設け，それに基づき多数の会社が設立されてい
た。1994 年の公司法は，これら従来の法規による会社規定を整理・統一するために
制定されたものである。

入って顕在化し，なかでも中小規模の国有企業の経営は苦しく，1995年以降は赤字が続いた（今井・渡邊，2006，47）。これら国有の中小企業は地方政府の負担となったため，1995年，中国政府は「抓大放小」，すなわち大型国有企業に対する国家の主導は緩めないが，中小の国有企業は自由にするという方針を採用した。続く1997年の中国共産党第十五回党大会の決議では，政府は私営企業の振興へと舵を切り，これを機に中小国有企業の民営化の動きが全国に広がった。民営化の手法としては，当初は，企業資産を大幅に割り引いた額で評価した上で従業員に少額ずつ出資させこれに買い取らせる方法が多く採用された。その後，残った一部の企業においては，国営時代に党幹部として工場や商店の経営に当たっていた者や外部の企業家に対して一括売却する方式がとられた。

　流通業では，以上のような国有企業改革の施策は1980年代に開始されていた。1980年代には百貨店のすべては国有であったから，百貨店の民営化は国有企業体制を大きく変えることになった。民営化の意義は，経営の自主権の回復にあった。経営の自主権の獲得により，百貨店は仕入れ（仕入れ先と仕入れ量），品揃え，売場管理，価格設定のすべてにおいて自主権を得たのである。

（4）流通システムの改革

　本節では，流通産業における体制の改革と，その小売業への影響について整理する。改革は，1978年に「三多一少」として開始された。所有形態の多様化，流通ルートの多様化，経営方式の多様化，流通ルートの短縮化がその内容である。

　しかし，この改革は順調に進んだとはいえず，1980年代後半からは新しい改革方針が学界で議論された。1986年には北京商学院と中国人民大学貿易経済学部がこれを主導した。また1987年に中国商業部[49]が開催した商品

49）　商業部は1952年に設立され（第1章第1節参照），当初は国務院の1つの部門であり，商業を管理する政府機構であったが，1993年3月に開催された第8回全国人民代表大会の決議により物資部と統合され国内貿易部となった。現在は，中華人民共和国商務部の一部署としての国内貿易部が代わりに国内商業を担当している。

流通に関するフォーラムでは，間接的なマクロコントロールの下での市場経営体制を商品流通システム改革の目標とし，これを 20 世紀の間に実現するものとされた。

　21 世紀に入ると，WTO への加盟に伴い，流通業では対外的な開放がさらに進んだ。政府商務部は「大市場，大流通，大貿易」をスローガンとした。これにより，流通革新を加速し，新型流通組織と経営手法の成長を促進し，高い効率や国内流通と外国貿易の一体化を実現し，グローバルな流通システムを作ることが目標とされた。この方針は，スーパーやコンビニエンスストアなどの新興業態の成長を促進した。

　商品の売買方式の改革や，全国的な市場の統一も，流通システムの改革の重要な要素であった。計画経済体制のもとでは，国家は統購統銷（国家による配給）を行っていたため，売れ残りのリスクは国家が負った。売れ残りの回避が優先され，品不足とそれによって生じた行列が常態となった。そのためメーカーは市場の状況に関心を持たず，マーケティングの思想や経営手法は否定された。メーカーは自ら販路を開拓する必要も持たず，流通業者と接触する必要も感じていなかった。しかし市場化が進展すると，メーカーは市場動向に基づき商品を開発する必要に迫られた。

　こうした状況の下，国務院は 1980 年代半ばから「代理商制度」を実施した。この代理商制度において，「商業代理」（流通代理）とは委託を受けて他者のために代理購入と代理販売を行うことである。商業代理は「代理権代理」と「手数料代理」に分けられる。前者では，代理者（経銷商と称する）は商品の所有権を買い取り，市場の変化に起因するリスク（売れ残りなど）を負担する必要があるが，後者（代理商と称する）では，商品はメーカーに所有され，代理商は売上に応じて手数料を受け取る。後で述べる百貨店アパレルの代理者は後者の代理商である。流通の流れからみれば，代理商は総代理，地域代理，都市代理などに分けられている。

　中国では，国務院はまず対外貿易において代理商制度を実施し，それに続き 1990 年代前半から国内流通でこれを実施した。1994 年，国内貿易部は代理商制度の普及をその方針に掲げた。1996 年 1 月には鋼鉄と自動車で代理商制度が最初に実施された。1990 年代初期から市場は供給力の拡大により

売手市場から買手市場へ転じたが，そうした市場状況に対応する流通システムは未だ構築されておらず，メーカーと流通企業は商品の販売不振で苦しんだ。メーカーと流通企業をどう繋ぐか，価格変動にどう対応するか，偽物や不良品の蔓延をどうするかといった問題が顕在化し，同時に，企業がマーケティングの能力を持たないことも問題になった。流通企業とメーカーの間を代理商が繋ぐことで，これらの問題は緩和された（王・呉，2009，34）。

　各地の市場の地理的な統一も，流通改革の重要な一環をなしていた。第1章で触れたように，中国の計画経済の特徴の1つは地方分権であり，各省はいずれも「フルセット型」の産業構造を政策的に指向したが，これは商品流通にもおよび，各省内での商品流通は各省単位に管理され，省を跨ぐ流通機構は弱体であった。これを克服する形で，改革開放による自由化とともに，市場の統一化も段階的に進められた。

　とはいえ今日でも，異なる所有形態間，異なる業界間での商品の流通の制限が姿を消したのとは対照的に，地域間の流通の制限は依然として存在している。特に「区域分割流通制度」（後述）の影響の度合いについては今日でも見解が分かれる。一部の研究は省と省の間の流通制限は縮小したとしたが（Xu, 2002; 紀・陳，2007等），省と省の間の流通制限はむしろ拡大しており，地方レベルの保護主義が激しくなっているとする見方もある（鄭・李，2003）。

(5) 改革の特質としての漸進性

　上で述べたような所有形態・価格・経営自主権・流通に関する改革は，いずれも中国においては，漸進的・段階的になされた。漸進的な改革には以下の内容がある。1つは改革の対象領域の漸次的な拡大である。改革は政府の指導と監督の下で主導的な領域，改革の先端部分とされた領域で先に展開され，徐々に他の領域に実施される。2つ目は「増量改革」である。例えば，価格自由化では，市場価格等の新しいルールは当初は従来の生産枠には適用させず，新たに増える部分に限って適用された（郭，2015，33）。

　3つ目は改革の対象地域の漸次的な拡大である。改革開放の初期には，北京，上海などの経済的に先進的な都市と深圳，スワトウ，福州，厦門の4つの経済特区[50] で先に改革が実施され（郭，2015，33），その後に徐々に地方中

核都市，地方中小都市に拡大された。例えば外資の導入や経営請負責任制の採用でもこの方法が取られた。後者は，北京，上海などから地方中核都市へ，さらに中小都市へ，先に大中型店舗から中小型店舗へと対象が拡大され，1988年までに80％の百貨店で実施された（潘，1988，1）。

2. 小売業構造の変化——業態の視点から——

(1) 百貨店の成長を中心とした小売業の発展（1978-1995年）

　前述のように，計画経済期の中国の小売機構の柱は国営商業体系と合作社商業体系であり，改革開放の初期にはこの両者は依然として重要な存在であったが，その配給機能は，計画経済の範囲の縮小により段階的に失われていった。供銷合作社はこの時期にも農家に対する生産原材料の提供，農業生産の指導，農産物の中間流通の機能を維持していたが，消費者向けの小売機能は徐々に失っていった。供銷合作社の一部は改革によって地元の「糖酒公司」（食品を中心にその流通を営む国有企業）となった。国営商業は前述の改革により自主権を獲得し，経営効率を改善し，食糧等の農産物，工業原材料，工業製品の中間流通を担い続けた。

　計画経済期から1995年までの中国小売業の転換は，第1章でその前半の過程を見たように，国有百貨店を中心に進んだ。各地の国有百貨店の所有者は中国百貨公司である。1984年，中国商業部は，その傘下にある中国百貨公司を含む全ての国営商業体系に属する商店の管理権を，地方政府に委ねた。これにより，農業生産資材（農業生産用の設備）と関係がある中国工業器材公司の一部の子会社を除き，中国百貨公司を含むすべての国営商業専門公司が解散され，各種の地方政府はそれぞれ地元の百貨店を運営するようになった。一方，解散された各種の国営商業専門公司の営業分野に対応する専業局が設立され，専業局は商業部の傘下の政府部門となった（『当代中国商業』編集委員会，1987，143）。

　中国百貨公司が廃止され，その傘下にあった百貨店は，それぞれが個別の

---

50)　1979年以降設けられている経済特別地区である。外資を導入し，工業を興し，その製品を輸出して外貨を稼ぐことを目的とする。

企業として独立した。その一部はその後も国有企業の形を維持し，また他の一部は民営化・株式会社化を経てその経営を大きく変えた。1986年時点で全国の国有百貨店数は1万7000店であり，うち営業面積が1万平方メートル以上の大型百貨店は25店，6000平方メート以上の大型百貨店が30店であった。年間売上高が1億元を超える大型百貨店は，1991年に94店であったのが，1995年には624店に達した。これらはいずれも国有百貨店であり，改革の中で大きく成長した。この時期は大型百貨店の黄金時代と称される（馬，2010，30-31）。

　改革により，これらの百貨店の施設とサービスは大きく改善された。エスカレーター，エアコン等を備えた店舗が登場し，ショーウィンドウ，カウンター等の陳列施設，店内装飾も近代的なものに刷新された。計画経済期とは異なり店員はサービスを意識するようになり，一部の店舗はマーケティング手法も導入した（馬，2010，31）。

　1980年代は，今日では当たり前となった多様な小売業態の原形が現れた時期であった。1990年以前には，チェーン経営を行う企業はなく，これが登場し拡大するのは1990年代であるが，1985年には，家電専門量販店の原形となる家電の小売専門店が登場し，その一部は，後にチェーン展開に乗り出した。最初の家電小売専門店は山東省の済南市に1985年に設立された三聯商社であるが，これは農民による出資で設立され，地元の社会科学研究院の研究員が経営者となった。2年後には国美電器が，1990年には蘇寧電器が発足した。3社はその後，家電量販専門店の主力企業となった。

　1980年代には，スーパー業態の原形となるような店舗も登場した。大都市と対外開放都市には，小規模店舗でありながらセルフサービスを取り入れ，外国人と華僑など特殊な顧客層をターゲットとした店舗が出現していた。また広州などでは香港のスーパー企業が小型店舗を開いた（広東省政協文史和学習委員会，2015，56）。続く1990年代前半には，国有のチェーンスーパーが現れた。そのほとんどは前述の国営商業と供銷合作社の改革の産物であった。例えば中国最初のスーパーチェーンである「東莞美華超市」（超市＝スーパーマーケット）は，東莞市の食品販売国有企業である東莞糖酒公司によって設立されたものである[51]。これらはいずれも中小型の店舗からなっていた。

78

1990 年代には，業態の多様性も拡大した。1992 年には中国初のコンビニ
エンスストアがセブンイレブンによって広州で開業し（沈，2006，25），1993
年には中国初のウェアハウスストアが広州で登場した（余，2000，40）。

　この時期の百貨店業態の急成長や新業態の登場の背景には，所得と生活水
準の向上があった。1 人あたりの年収は 1978 年から 1995 年に 9 倍に増えた。
例えば衣料品では，消費者は当初はごく基本的な機能（防寒など）を求めた
が，次第に個性やファッション性を求めるようになった。家庭にあって当然
とされる商品は，1980 年代には自転車，時計，ミシン，ラジオであったのが，
1990 年代にはテレビ，ラジオカセット，扇風機，バイクへと変わった。し
かしこの時期，小売業における競争はまだ激しくはなく，対外開放も始まっ
たばかりで，新興業態はまだ模索の段階にすぎなかった。こうした中，相対
的に規模が大きかった百貨店は，大きな成長を遂げることができた（馬，
2010，31-32）。

(2) 旧来型百貨店の動揺と新興業態の急成長（1996-2000 年代初頭）

　1996 年から 2005 年の 10 年間は，中国の小売業が業態の多様化による新
たな段階に入った時代であった。中央政府の関与が無くなり地方政府の単独
管理下に移った後も依然として国有形態を維持した各地の百貨商店は，徐々
に再編や淘汰の段階に入った。同時に，既存の百貨店の改組によらず他の
様々な形の新規参入によって誕生した新興の百貨店（以下，「新興百貨店」と
総称する）がこの時期に急速な成長を遂げ，また新興の業態が登場してきた。

　1990 年代半ばからの新興百貨店の増加により，わずか 3 年後の 1998 年に
は，百貨店は店舗数でも売場面積でも飽和状態となった。しかし情報・認
知・行動の遅れによって，外資系百貨店を含む百貨店企業はその後も増加し
続けた。年間売上高 1 億元超の大型百貨店の数は，1997 年には全国で 800
店を超えた（馬，2010，34）。こうした中，百貨店間の価格競争が激しくなっ
た。値下げ率は平均で，1997 年 10.34 ％，1998 年 16.26 ％，1999 年 23.7 ％
となった。それに伴い利益率も下がり，平均粗利益率は 1995 年 9.71 ％，

51）「東莞本土便利店：美宜佳要走向全国」『南方都市報』，2017 年 11 月 8 日。

1996 年 3.94 %, 1997 年 2.74 % と急落し, 一部の都市では, 百貨店は赤字となった。政府機関である中国商業信息中心が 1997 年に 249 の大型百貨店に対して行った調査では, 赤字店舗の割合は 12.4 % に達し, 1999 年の調査 (サンプル数 239) ではこれは 62 % に達した。1998 年は百貨店閉店の年と称された (馬, 2010, 34)。

　新興業態の拡大は, チェーン経営の拡大, 外資系企業による出店, 大型総合スーパーの登場, ウェアハウスストアやコンビニエンスストアの増加という形をとった。チェーン経営形態の拡大は, スーパー業態の成長と同時に進んだ。アメリカではチェーン経営の普及がスーパーの登場に先立ち, 日本ではこれが逆の順番となったが, 中国では 1990 年代の最初のスーパーの登場とほぼ同時にチェーン経営が登場したのである。2005 年時点で, チェーン経営の小売総額は「社会消費品小売総額」の 15.9 % となっていた。1996 年以降の 10 年間で, 大型店舗の総合スーパーは急増し, それとともに, 業態の多様化も進んだ。また改革開放初期から存在する食品雑貨店, 専門店, 専売店も, この時期に大きく成長した (馬, 2010, 34-36)。さらに, 他国で存在していなかった生鮮スーパー業態も現れた (第 3 章で詳述)。

　この過程では, 国内系の企業の役割は重要であった。コンビニ業態以外の新業態において一番手企業となったのは, すべて国内企業であった。もっとも, 外国で成熟段階に入っていた業態の場合には, 当然ながら外国のモデルを念頭に参入するのが普通であり, 中国に進出した外資系企業は一定の役割を果たした。

(3) 成長の中での再編と競争激化, e コマースの登場 (2000 年代初以降)

　1978 年の改革開放の開始後, 小売業は成長・拡大を続けたが, この趨勢は店舗数では 1996 年に転換し, 以後, 総店舗数は減少に転じ, これは今日まで続いている (馬, 2010, 37)。他方, 2008 年は今日まで続く e コマース (電子商取引) の持続的で本格的な成長の開始点といえ, その意味では 2008 年を第 2 の転換点と呼ぶこともできるだろう。

　1996 年以降, 2005 年頃までの 10 年間は, 店舗の総数が減少する中でも, チェーンストア形式をとる店舗は急増した (馬, 2010, 37)。この拡大は, 各

チェーンが未出店の都市・地域・地区への出店を進める形でなされた。しかし2005年以降になると，チェーン間の競争や，同一チェーンでの店舗間競争が激化し，閉店，合併が多発した。さらにこの合併や吸収は，異業種間でも行われ，その結果，多業態を展開する大規模な小売企業が登場した。そのすべては国内系企業である。例えば，2003年に設立された上海市の百聯集団は，上海市の国有の百貨店，ショッピングモール，スーパー等が合併して形成された小売企業であった。

外資系企業にとっても，2005年は転換点であった。前年12月に中国政府が外資系企業の進出地域と新規出店数への規制を全面的に撤廃したため，外資企業は競争が激化したこの時期にむしろ全国的な出店を目指して拡張を行った。その結果，世界の小売企業大手50社のうち，40社超が中国に進出するに至った。外資系企業は中国国内系企業との買収や合併も進めた。ウォルマートによるスーパーチェーン「好又多」の買収，セブンイレブンによる「快客」（コンビニ）傘下の広州のチェーンストアの買収，ベストバイによる江蘇省の五星電器（家電量販店）の買収などが目立った事例である（馬，2010，38）。

21世紀に入ってからのeコマースの成長は，2008年以降，小売業の構造を大きく変えていった。B to Cプラットフォームの急成長が，実店舗での販売全体の脅威となり，小売業の中で大きな存在となったのである。

この動きを主導したのは，1999年設立のアリババグループであり，またこれが2003年に開始したプラットフォーム，タオバオ（淘宝網）である。タオバオはC to Cのプラットフォームであるが，2003年以降の3年間でそのC to C事業は急拡大し，当時まだ小規模だったネット通販で最大手であったeBayを超え，中国最大のC to Cプラットフォームとなった。2007年以降，タオバオの拡大により，ネット通販市場自体が急拡大した。タオバオの売上高は，2007年の433億元から，2009年には2083億元と5倍近くに急増した。2008年にはB to C事業も開始し，2011年にはタオバオを「淘宝網」（C to C），「淘宝商城」（B to C，後に「天猫」（Tmall）に変更），「一淘網」（アリババの販促プラットフォーム）の3つに分けた。アリババに続く二番手・三番手企業として「京東商城」，「唯品会」等のプラットフォームも現れ，ア

リババの競争相手となった[52]。

　eコマースの急拡大により，実店舗販売のシェアは急落した。2003年にはネット通販は中国社会消費品小売総額の0.06％と無視しうる水準であったが，2012年は100倍の6.3％となった。同年の四半期での数字では，eコマースがGDPに占める比率は2.5％に達した[53]。より具体的な数字としては，2012年の四川省の社会消費品小売総額において，eコマースがその半分を占めたことが報道されている[54]。

　ネット通販の拡大は，取り扱い品目の拡大の結果でもある。アリババのプラットフォームは最初はアパレルを中心としたが，その後は生鮮品をも扱うようになり，その品揃えは百貨店やスーパーよりも幅広くなっている。仕入れから物流までを自営で行う京東商城は，家電の扱いから参入し，アリババ等との対抗の中でアパレルにも扱い品目を拡大した（翟，2017，118-119）。「唯品会」，「聚美優品」といった競合企業も，アパレルと化粧品を中心としている。取り扱い品目の幅では，eコマースは百貨店，スーパー，専門店よりも広い。アパレルでは，ネット通販はショッピングイベントの創設，値引き等によって価格面でも優位性を持つ[55]。

(4)　中国における小売業の業態構造の変容

　最後に，以上の分析を踏まえて小売業の業態構成とその推移の全体像を再構成してみよう。ここでは『中国統計年鑑』の数字を用いる。

　統計に連続性がないため，ここでは2003-2009年の状況を図2-1，2009-2015年の状況を図2-2に示す。2003年以前については，新業態の規模が小さかったこともあり，業態別の統計が存在しない。2003-2009年の統計でも直接に業態を基準に数字が出されているわけではなく，一定規模以上の小売

52）「京東集団，打倒アリババ大胆に提携」『日本経済新聞』，2017年10月17日。
53）「淘宝十年：中国消費生態嬗変」『北京商報』，2013年5月10日。
54）「網購成川人主流消費模式」『四川日報』，2012年12月7日。
55）　China's Online Shopping Mecca.New York Times. 10 August 2009;「揭秘淘宝時裝店店主的生存法則」『外灘画報』2011年6月20日;「氷城淘宝網店超過万家 『箱包店』一天営業額達10万元」『生活報』2013年6月9日等。

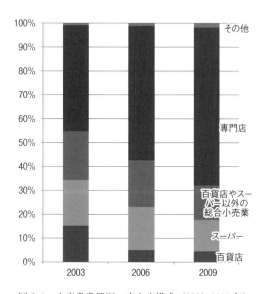

図 2-1　小売業業態別の売上高構成（2003-2009 年）

出所：『中国統計年鑑』2004 年版，2007 年版，2010 年版により筆者が
　　　作成。

企業（従業者数 20 人以上かつ年間販売額 2000 万元以上の小売企業）の小売売上
高の中に，総合小売業（百貨店，スーパーの数字を含む），各種の専門店，そ
の他の小売業別に売上高が示されている。2009 年以降になって初めて，業
態別の数字を直接に読み取ることができる（図 2-2 参照）。

　図 2-1，図 2-2 に示された数字と，前節までの定性的な情報を基に，小売
の業態別構成を近似的・概念的に示すことを目的とした模式図として作成し
たのが，図 2-3 である。

　前述のように，2003 年以前の業態別のデータは入手できず，統計に基づ
いて作図をすることはできないが，前節までに示した定性的な情報から，
1980 年代と 1990 年代の構造をごくおおまかに推測することは可能である。
1980 年代には，数字を確認するまでもなく，国有制商業が圧倒的な比重を
占め，小売業は百貨店と供銷合作社を中心としていた。民営の家電専門店や
零細小売商も登場してはいたが，国有制商業に比するとその割合が小さかっ
たことは確実である。

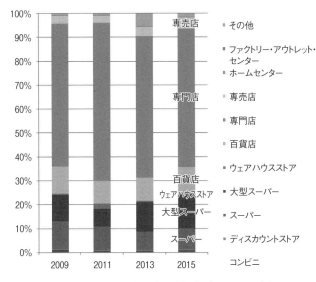

図2-2　小売業業態別売上高構成（2009-2010年）
出所：『中国統計年鑑』2010年版，2012年版，2014年版，2015年版により筆者が作成。

　1980年代と1990年代を比較すると，国有制の要素が1990年代には後景に退いたことが最大の変化である。1990年代にも国有百貨店や国有スーパーは重要であったが，業態に注目する本書の観点では，新たな業態が登場してきたこと，百貨店が，これに続く時期に比すると国営であれ私営であれ依然大きな比率を占め，1997年頃まで拡張を続けていたことが重要である。

　しかし2000年代に入ると，百貨店の割合は減り，代わって国内外のスーパー企業による各種のスーパーが百貨店に並ぶ小売の柱となった。数と割合という点ではこの時期も専門店が最大であるが，これは小規模零細な従来型の店舗と，新たに登場してきた近代的な専門量販店の双方を含んでいた。

　2010年代を特徴づけるのはいうまでもなくeコマースであり，実店舗に基づく業態が全体として比率を下げたことが最重要である。

1980 年代	1990 年代	2000 年代	2010 年代
国有制商業（百貨店，国営商店，供銷合作社等）	百貨店（国有民営および民有民営）	百貨店（国有民営および民有民営）	百貨店（国有民営および民有民営）
	専門店（家電量販店を含む）	スーパー（生鮮スーパー，ディスカウントストア，ウェアハウスストアを含む）	スーパー（生鮮スーパー，ディスカウントストア，ウェアハウスストアを含む）
		既存の専門店及び新興の量販店型専門店	既存の専門店及び新興の量販店型専門店
非国有制商業（家電量販店，零細小売商等）	その他の新興小売業態（コンビニ，スーパー等）	その他（コンビニ，eコマースなど含む）	eコマース
			その他

図 2-3　中国における小売構造の変容について模式的な整理

注：1980 年代と 1990 年代のデータを入手するのは難しいため，各業態の構成比を確実に描くのは
困難である。本図は，全体の趨勢を概念的に示すために定性的な情報も加味して作成した模式
図である。

3. 改革の漸進性と小売業の「圧縮」された変容

　本章では，以下の 2 点が明らかとなった。

　第 1 に，改革開放後中国の小売業の変容は，既存の組織の再編と革新が複雑に絡み合う過程であり，何よりも経済体制の転換によって，それと同時に現れた現象であった。この変容を流通の近代化の過程として捉えると，1980年代からの 40 年間に急激に進展した過程であり，例えばアメリカでは 1 世紀以上，日本でも 70 年近くの時間を要した過程をいわば「圧縮」（川上，2012）した形で実現した。しかし中国の場合，この変化が，経済体制の転換と同時に進行した。この点は，米欧日のいずれとも決定的に異なる中国の特徴といえる。しかも，これを経済体制の転換の過程としてみるならば，上記の「圧縮」とは裏腹に，これは段階的・漸進的に進められ，国営百貨店など既存の組織も，再編等を経ながらこのプロセスに加わり続けた。第 1 章では，私営から国営への転換，市場経済から計画経済への移行が段階的・漸進的に進ん

だことを見たが，これとは逆方向の改革の過程も——例えば東欧諸国での
ショック療法的な体制転換とは対照的に——長い時間をかけて行われたので
ある。これにより，以下の各章で詳しく検討するように，国内各地の経済主
体による創発的な革新の動きもみられ，そうした中で中国的ともいえる業態
も出現してきたと考えられる。

　第2は，上の第1の点の直接の結果でもあるが，小売業の変容が，様々な
新興の業態と改革開放政策以前からの既存の業態（百貨店と各種の零細小売業
態）が並存する形でおこったことである。長い時間をかけて新しい業態が継
起的に出現した先進国と違い，中国では，1978年の政策転換から10年で新
業態登場の条件が整い，その後，家電専門店（1985年），スーパー（1980年
代），コンビニエンスストア（1992年），ウェアハウスストア（1993年），ネッ
ト通販（1999年），生鮮スーパー（2001年）と，わずか10年あまりの間に一
気に多様な業態が出現したのである。したがって，マックネァーの業態動態
理論である「小売の輪」は，中国の状況には適用できない。

　本章で分析した中国小売業の構造の変化は，後発国で「圧縮」された形で
おこる変化が，単に先発工業国の技術や知識の体系を利用できるという後発
国の優位性のみによるのではないことを示している。中国小売業の場合には，
以下の各章で検討するように，漸進的・段階的に進んできた改革は，むしろ
地方の民間企業とその経営者の能動性を引き出す効果を持った。彼らの創発
的な革新によって，圧縮された形での業態の変容と新しい業態の成立がお
こったのであり，そういう意味で，逆説的ながら，政策の漸進性と圧縮され
た発展は，同じコインの表裏の関係にあったのである。

第3章

生鮮スーパー業態の誕生
──福建永輝集団による創発的プロセス

　本章は，中国において生鮮スーパーが1つの業態として存在することに着目し，この業態が，なぜ，どのように成立し，どのような特質を持つのかを明らかにする。具体的には，生鮮スーパーという業態の成立を終始リードしてきた「福建永輝集団有限公司」（以下，「永輝」とする）に焦点をあて，流通システムの上流にあたる仕入れ，中流の物流，下流の店舗運営の3つの側面について考察する。

　1つの業態の成立の過程を明らかにすることが本章の目的であるが，もう1つの目的は，この過程が，国外の類似業態からの技術・知識移転や，あるいは国外のモデルの模倣によるキャッチアップとしてなされたのか，あるいはそうではなく，これが地元の条件に即した，中国国内の主体による創発的な行動の結果として実現したのかを明らかにすることである。

　生鮮品を中心に扱うスーパーマーケットは世界各地にみられるが，生鮮スーパーという概念が各国共通のものとして存在するわけではない。日本では，『商業統計表』等の官公庁統計に食品スーパーという統計項目がある。他方，アメリカ，スペイン，中国といった多くの国では，統計上では生鮮スーパーあるいは食品スーパーといった分類は存在せず，業界団体があるわけでもないが，これに類した概念が，流通論の専門家によって一般的なものとして使われている。中国では，「生鮮超市」（以下生鮮スーパーとする）は政府統計では使われないが，各種の研究機関やコンサルティング会社の分析

には頻繁に登場する。生鮮スーパーは、近代的なスーパーの経営モデルに基づき生鮮食料品を中心に販売するチェーンストアと一般的に定義される。販売される生鮮食料品は、「農貿市場」（スーパーなどの近代的な小売業態が登場する前の、中国における生鮮食料品の主要な購入場所、詳しくは後述）の品揃えと同じく、消費者が調理に用いる食料品である（程、2008, 91）。

　中国の生鮮スーパーと日本の食品スーパーは、概念的にはどのような関係といえるだろうか。本章の分析を踏まえた結論を先取りするならば、生鮮スーパーは、業態を定義するための構成要素をみるならば、日本の食品スーパーとよく似ており、その限りでは類似の範疇といえる。他方、成立史（発生史）からみるならば、生鮮スーパーの成立過程においては、日本を含め、他国のモデルの模倣や移植の要素は非常に限られており、互いに独立して行われた創発的な過程が、さまざまな条件の相互作用により類似のモデルを生み出す過程であったといえよう。

　生鮮スーパーが固有の業態として成立するのは、生鮮品の扱いが独自の難しさを伴っており、これを克服するための能力が、他の業態に対する差別化の基盤となるからである。生鮮食料品は一般的には野菜や果物等の農産物、肉や卵等の畜産物、魚や貝などの水産物のうち、加工されていないものを指す。未加工のものとはいえ、産地から小売店舗での品出しに至る過程では、農産物や水産物では選別、水洗い、切断、調整、冷蔵・冷凍などが、畜産物では屠畜加工の後にも切断、薄切り等の形状加工や冷蔵・冷凍などがおこなわれる。これらは、商品の均質性・清潔性、鮮度を確保し、また購買の際の利便性や商品の魅力を高めるためのプロセスであり、小売店舗での陳列時のプロセスをも含む[56]。中国においても、永輝とこれに続く生鮮スーパー各社は、仕入れ、物流、店舗運営の3つの側面のすべての面で他業態とは異なる

---

56)　生鮮食料品（中国語：「生鮮食品」）という概念は外資系小売企業の進出に伴い中国に導入され、その後、国家食品薬品監督管理総局が2015年11月25日に公表した「超市生鮮食品包装和標签標注管理規範」によって定義された。具体的には、製造や加工の工程を経ておらず、一切の添加物や調味料などを付されていない食用の農産品などを指し、畜産物、水産物、それに野菜と果実などの農産物を意味する。また、同規範によれば、簡易な調理、加工プロセスが施されてパッキングされた生鮮食料品もその概念に含まれる。

仕組やノウハウを構築してきたと考えられる。

　本章で中心的に取り上げる永輝は，生鮮スーパーという業態が中国で確立するにあたり，2001年以降一貫して一番手企業としてこの業態の変化を先導した企業である。同社の2018年の年商は768億元（約1兆2,142億円），2018年の店舗数は705，従業員数8万人を超す企業であり，小売チェーンストア業態の売上高では国内6位に位置する。大都市からではなく地方企業から全国企業へと成長した企業でもあり，注目を浴びてきた。中国の生鮮スーパー業態の牽引役としての同社の役割は，例えるならば日本のコンビニエンスストア業態でセブン-イレブン・ジャパンが果たした役割にも相当する。同社が2001年に福建省で開店したスーパーは，中国で初めて「生鮮超市」を名乗った店舗であり，また実質的にも，中国における生鮮スーパー業態の1号店というべきものであった。生鮮超市の語はその後，後発の競合他社にも採用され一般化している。また日本では食品スーパーは地域性が強く，全国展開している食品スーパーはみられないが（岸本，2013，203），永輝は中国全土に店舗網を広げている。2010年代に入ると，同社の他にも国内資本・外国資本の生鮮スーパーが登場してきたが，これらはいずれも，永輝の成功に刺激され，多かれ少なかれそのモデルを取り入れていた。

　中国の生鮮スーパーに関する研究は，マーケティング論や流通論の観点からなされてきた。例えば程（2008）は，中国における生鮮スーパーは農貿市場改革（後述）の産物であるとし，仕入れ価格での優位性に加え，農産物の生産・加工への関与によって優位性を獲得すると論じた上で，それに即した品揃え戦略，価格戦略，販促戦略，チャネル戦略などを提案した。また李（2014）は，生鮮スーパーのチェーン化，またそれに即した物流とサプライチェーンの構築が必要であると主張した。陳（2016）は，生鮮スーパーの経営に2種類の方式，すなわちサプライヤーとの共同経営およびサプライヤーへの売場の賃貸があるとしたうえで，ロス削減のために行うべき仕入れ，納品，貯蔵，加工，陳列，販売，店員教育の方法を論じた。

　他方，歴史的な研究は，生鮮スーパーについても，またより広くスーパーマーケット一般に関しても，中国については非常に限られている。流通業，小売業，スーパーマーケットに関する内外の研究には，歴史的な経緯を概略

的に述べたものはあっても（方，2001；劉，2003等），これらは歴史的経緯や文脈の解明それ自体を目的とはしていない。

しかし改革開放政策の開始からすでに40年近くが経っている。史料的制約はあるにせよ，「直近の過去」を歴史的分析の対象にすべき時期がきているといえよう。その中でも，生鮮スーパーの登場・成立は，せいぜい過去20年間の過程であり，企業の内部史料の活用といった経営史の標準的な手法の採用には限界がある。しかし永輝の場合には，社内誌である『同道』などが利用でき[57]，分析目的によってはかなりの程度，上述の制約を克服することができる。また本章では他に，一般紙・業界紙，ビジネス誌，官民の各種統計や報告書などの文献資料を用いる。

本章の構成は以下の通りである。第1節では，生鮮スーパーにかかわる基本概念と中国におけるその歴史的・文化的な文脈を確認しておく。第2節では，永輝の発祥地としての福建省の概況を紹介したうえで，永輝の創業の経緯と生鮮品販売への着目の過程を明らかにする。第3節では，2001-2003年における産地調達を柱とした仕入れシステムの構築の過程について検討する。第4節では，永輝の店舗網の全国拡張の経緯を整理した上で，全国各地での最適地調達・物流網の構築，及び生鮮品販売を柱とする店舗運営の実際について報告する。第5節では，2010年以降の永輝の全国拡張とそれに応じた調達システムと店舗運営の構築を検討する。第6節では，生鮮スーパーが「業態」としての一般性を獲得した状況を示す。第7節は本章の結びとして，生鮮スーパーが業態として誕生した際の，その創発性について論じる。

1. 「鮮度指向」「生鮮品」の歴史的条件

(1) 国際比較の中の生鮮スーパー

中国において，生鮮スーパーが1つの業態として成立したのはなぜだろうか。その背景を，各国にみられる類似の業態を比較・類型化することで探っ

---

57) 『同道』は福建永輝集団に所属する福建永輝文化伝媒有限公司が発行し，永輝超市股份有限公司の各部門，各出店地域，各支社の責任者による記事を掲載する社内誌である。2014年度に中国内刊協会に全国内部誌二等賞を授与された。

てみよう。先行研究が個別の国の業態について行った分析を本章の視点で整理すると，生鮮食料品を中心に品揃えを行う類似業態の 2 つの類型が浮かび上がる。1 つは，生鮮食料品が消費者の日常の中で不可欠の存在であるような社会で，これを中心に品揃えを行う食料品小売業態である（石原，1998；安室，2006 等）。本章ではこれを，「鮮度指向」と表現する。もう 1 つは，食生活の中で生鮮品が持つ重要性が低い社会において，健康的な食への意識の高まりを受けて登場した業態である。これらは通常，有機・自然食品等を目玉とし，またしばしば高い水準のサービスをもアピールする（Tilloson, 2006）。ここではこれを，「健康・自然指向」と称する。中国では，2010 年代に入り「健康・自然指向」のスーパーも登場しているが，国際的に見て最も鮮明に「鮮度指向」の特質を持つ国の 1 つと考えられる。

　「鮮度指向」と「健康・自然指向」の相違は，各国の食習慣に根ざしたものである。「鮮度指向」を持つ国では，生鮮品の消費量が相対的に多く，鮮度にも敏感である。日米の消費性向を比較した石原（1998）は，日本の消費者が魚食・生食を好み，鮮度にも敏感であり，よって日本の食品スーパーは生鮮食料品を中心に据えざるをえないと結論づける。またスペインの国内資本の生鮮スーパーであるボンプレウを分析した安室は，これらのスーパーが，商品の鮮度に敏感な消費者をロイヤルカスタマーとして育成し，高鮮度の商品を「納得できる価格」で販売するビジネスモデルによって巨大な多国籍企業小売業者に対抗したと論じている。アメリカ型のゼネラルマーチャンダイジング（GMS）やウォルマートの EDLP（Everyday Low Price 価格戦略），またカルフールのようなハイパーマーケットは，発祥地の食文化が生鮮品を重視しないため，その扱いに長けていない（安室，2006）。

　他方，食生活に占めるハムやチーズ，缶詰類，瓶詰類等のような保存性食品の割合が高い国や地域では，鮮度は必ずしも特段の付加価値を持たない。例えばスーパーマーケット発祥の地のアメリカでは，スーパーマーケットは食品販売を中心にする形で生まれ成長したが，食生活に占める加工食品の割合が高いがゆえに，「食品スーパー」は必ずしも生鮮スーパーにはならなかった。こうした中で，「食」を軸に特別なポジショニングを図るスーパーとして登場してきたのは，「健康・自然志向」の高まりに伴い，有機食材な

ど「自然」を強調した食品——必ずしも「生鮮」とは限らない——を中心に
取り扱うスーパーであった。アメリカの Whole Foods Market などが代表
的である。

　中国は上述のように「鮮度指向」の強い国であるが，スーパーマーケット
の普及の初期段階においては，生鮮品はその柱ではなかった。本章が着目す
る生鮮スーパーは，むしろスーパー業態が確立した後に，新たなモデルとし
て誕生したものなのである。

　中国で本格的なスーパーが現れたのは1991年である。90年代前半のスー
パーは国有系と合弁系からなり，1990年代後半には外資系が国内企業と合
併の形で中国に進出した。その後2000年代には100%外資系企業が認めら
れ，スーパーはその数，売上高とも急速に拡大した。しかしこの時期は，生
鮮品を中心とした店舗はみられなかった。国内系のスーパーの大半は中小規
模であったが，生鮮品を衛生的に扱うノウハウがなく，サプライチェーンも
未整備で，生鮮品は扱われなかった（呉，1998，46-47）。こうした中，生鮮
品の扱いを本格的に始めたのは外資系であるが，これらは衣料品や家庭用品
を幅広く扱う大規模総合スーパーであり，食品スーパーではなかった（楊，
2003，71-72；童・董・庞，2001，42-45；陳，2004，37）。

　生鮮品が一部のスーパーでしか扱われない中で，農産品・畜産品・水産品
やこれらの加工品の流通を担っていたのは，「自由市場」として日本で紹介
されてきた公設の「農貿市場」であった。農貿市場には小売・卸売の双方が
あるが，数の上で多かったのは一般消費者相手の小売市場であり，計画経済
から市場経済への移行の中で1980年代に登場したものである。配給制度に
基づく国営の「菜市場」に代わり，生産者や零細小売商が農産物などを持ち
込み販売する農貿市場が，生鮮品流通の重要な柱となった（李・李，
2010，234）。1990年代後半になると，この農貿市場が，生鮮スーパー誕生の
母体となる。農貿市場の貧弱な管理体制は，脱税，不衛生，商品偽装等の温
床となっており，標準化の欠落などが利便性や経済性を損っていた。そこで
1990年代後半以降，これをスーパーマーケットに改組する「農改超」が，
地方政府の指導で実施され，2002年以降は全国的に行われた（童，2007，
16）。これによって公設公営の形態から民有への所有と経営へと改組され，

店舗の形態や販売方法等でもスーパーマーケット方式に転換された。既存の
スーパー企業はこの政策を店舗網の拡張のチャンスと見なした（陳，2004，
13）。これによって，生鮮品を重要な柱とする国内系のスーパーが急増した
のである。

　中国はもともと鮮度指向の強い消費社会であり，いったんスーパーが生鮮
品を扱うようになると，生鮮品の取扱いに優れた企業は成長軌道に乗ること
ができた。永輝はその代表格といえ，農貿市場の改革の波にのり，品揃えを
生鮮食料品中心に絞り，生鮮品に最適な仕入れ・物流・店舗運営を実現する
ことにより，後に生鮮スーパーとよばれる業態を確立した。同社は実際，最
初からその店舗を「生鮮超市」と称した。この名称は一般にも認知され，す
ぐに普通名詞化して他企業によっても使われるようになった。特に 2010 年
代以降は永輝を模倣する企業が増え，生鮮スーパーは日本における食品スー
パーとよく似た位置を占めるにいたっている。生鮮スーパーの市場規模は
2011 年に 8500 億元，5 年後の 2016 年には 1 万 3000 億元であった[58]。市場
規模の拡大に伴い，生鮮スーパーを新事業と位置付ける総合スーパーや，生
鮮スーパーに業態転換した総合スーパー，それに，店舗販売をも開始した e
コマース企業などがこのセグメントに参入している。

(2)　生鮮食料品の特性と課題

　生鮮食料品には工業製品とは異なる特性があり，その特性に由来する取扱
いの難しさこそが，生鮮スーパーが独自の業態として成り立ちうる基盤とな
る。一般には，以下の特性が指摘されている。(1) 品質の劣化が早い，(2)
柔らく，壊れやすい，あるいは潰れやすい商品が多い，(3) 生産量と品質に
ばらつきがあり，標準化や基準化が困難である，(4) 産地が全国・世界に散
在している，(5) 生産者・供給者・流通業者が多く，一般に小規模・零細で
ある，(6) 天候等の自然条件によって生産量に変動がある（日本流通学会，
2008，198，202；宮内，2013，45）。

　これらの特性により，生鮮食料品を扱う小売企業は，(1) 上流の仕入れ，

58）「2017 年〜 2023 年中国生鮮超市行業深度及投資戦略研究報告」http://www.
　　chyxx.com/research/201708/550750.html（2017 年 10 月 2 日アクセス）。

(2) 中流の物流，(3) 下流の販売の各段階で，さまざまな課題に直面する。永輝はそれらの課題を，それぞれ，(1) 産地からの直接調達[59] システムの構築，(2) 自家物流システムの構築，(3) ロスの最少化を目指す店舗運営によって克服していった。この3つの課題の中身を具体的にみてみよう。

　上流の仕入れ段階では，本来的に供給が不安定な農水産品を安定的に安く仕入れることが課題であり，最適時に最適地で最適量を適切な価格で調達することと，中間流通経路を短縮することが焦点となる。前者の実現のためには，知識と経験を具える専門バイヤーや調達組織が必要である。生鮮品の産地は国内外に散在しており，しかも加工品・工業製品と異なり，供給者や流通の単位は零細であることが多い。よって産地・卸売市場ごとの商品の品質，供給量，供給時期，市況等に関する知識と経験が必要である。後者の中間流通の短縮も同様に重要であり，産地での直接調達の能力構築に加え，旧来型の調達経路である卸売市場の利用でも競争力を持つことが必要となる。

　永輝が産地での直接調達システムを構築し他社がこれを模倣する以前においては，スーパーによる生鮮品の調達は，ほとんどが卸売市場によって行われていた。業界団体である中国都市農貿中心連合会の数字では，2009 年に至っても，青果物の 70 ％以上が卸売市場経由で売買され，スーパーの大半はこれを卸売市場で仕入れている[60]。しかし，粗利幅の小さな生鮮品を軸に品揃えを行う場合，卸売市場が担っている機能をも自社内に取り込み，価値連鎖のより大きな部分を収益源としなければ，競争力を持ち得ない。よって，産地での調達を軸とする仕入れシステムの構築は，生鮮スーパーが業態として確立する上で不可欠の要素である。

　とはいえ，卸売市場に対する産地からの直接調達の優位は，当然ながら自明なものではない。農産地から直接に仕入れる場合には，(1) 商品の種類と品質が直接取引先に限定され，(2) 仕入れのコスト（仕入れ先の探索，これとの取引や輸送等に要するコスト）を自社のみで負担する必要があり，(3) 特定の産地の作柄・市況等に左右されることによるリスクが生じる。実際にも，

---

59) 生産者（農業生産者を含む），製造業者と小売業者との直接取引は，中国では広く「直採」（＝直仕入れ）と呼ばれている。

60) 「交易額過億元的農産品批発市場逾 800 家」『経済参考報』，2009 年 6 月 22 日。

例えば1960 年代後半の日本で食品スーパー業態の確立に中心的な役割を果
たした関西スーパーの場合には，「基本的に生鮮食料品を中央卸売市場を通
して仕入れるという姿勢を崩さず，『問屋有用論を積極的に，……実践した』」
（石原，1998，157）。産地直結では，関西スーパーが欲した「中の上」から
「上の中」クラスの商品だけを抜きとることができないからである。この事
情は，21 世紀の中国でも変わらない。しかも，中国では「生産農家は小規
模でかつ戸数が多く，地域的にも分散しているため，農産物を買い取る流通
企業や仲買人にとって，すべての農家と個別に契約を行うことになると，探
索コストと契約コストが非常に大きくなってしまう」（竇劍・佐藤，2009，5）。
こうした制約を克服して初めて，産地からの直接調達は卸売市場からの仕入
れに比して優位性を得る。

　上流の仕入れに続く中流の物流段階では，（1）小売業一般に共通する物
流・ロジスティクスの効率化に加え，（2）生鮮品の取扱いに固有の鮮度管理，
（3）店舗でのロスを最小化する配送方式の構築が課題となる。このうち（1）
は，生鮮品の場合，単位価格当たりの重量や容積が大きく，商品特性が流通
のあり方を大きく規定するという点でも（白，2006，186）重要である。また
（2）の鮮度管理の柱は，物流期間の短縮，温度・湿度等の保管条件の管理，
適切な情報システムの構築などである。その点に関しては，先進各国で様々
なノウハウが構築されており，中国ではこれらを導入する形で改善が行われ
てきた。（3）の店舗ロス対策は，具体的には，商品不足と売れ残りの双方を
回避するため，適時，適品，適量で店舗へ納入することであり，多品種・多
頻度・小口配送の物流と，これに即した発注方式，コスト低減策との両立が
必要である。

　最後に，下流の店舗運営では，世界的・一般的には，（1）ロス（売上につ
ながらない商品）を減らすための適正な管理手法，（2）インストア加工の体
制の整備，（3）販売価格の状況に応じた調整や販促が課題となる。（1）のロ
スの問題は，生鮮品の品質劣化が早く，店舗での保存・陳列においても傷み
やすいために生じる。よって店舗では，適量を最適時に陳列する技量を備え
るスタッフの育成・管理が必要となる。（2）のインストア加工は，生鮮品が
素材そのままの形状で販売されるのではなく，用途や嗜好に合わせた加工

96

（カッティング等）や分類・調整（サイズ・数量等），包装等からなる。通常こ
れは，バックヤードの設置や加工スタッフの配置・育成を必要とする。（3）
の販売価格の調整と販促活動も，生鮮品では市況の変化が激しく，また鮮度
の低下や売れ行きに応じて頻繁に販売価格を変更する必要があるため，重要
である（石原，1998，147）。

(3) 中国における生鮮品の消費

　最終消費財，しかも嗜好の地域性が強い食料品の場合には，小売業態のあ
り方も，国・地域ごとの消費文化・消費行動から大きく影響を受ける。中国
の消費者の嗜好・性向は，生鮮スーパーの成立と店舗運営のあり方を規定し
てきた。
　第1に，購買行動では，多頻度少量購買の傾向があり，しかも生鮮品購買
は朝に集中する。ある研究によれば，消費者のうち週に6回以上生鮮食品を
購入する者は36％，4回以上は60％以上である（何・周，2007，135）。農貿
市場では早朝までに商品が入荷し，鮮度のよいものは午後には残らないのが
普通である。スーパーマーケットの時代となっても，朝の早い時間ほど鮮度
が高いとの意識が消費者の間に根強く残っている。
　第2に，加工食品の購買よりも生鮮品を購入し自ら加工・調理することを
選好する（Dede, 2008: 16）。西欧諸国では食料品に占める加工食品の比率は
80％以上であるが，中国では30％にすぎない。また加工・生鮮を問わず，
野菜の消費も多い。2008年の1人あたりの野菜消費量は，アメリカが
85.7kg，日本が93.6kgであるのに対し，中国では123kgである（国家統計
局，2009，323）[61]。
　第3に，購買先の決定では，価格よりも鮮度・品質を重視し[62]，また生鮮

61）　Statistical Abstract of the United States 2009, https://www.census.gov/
　　library/publications/time-series/statistical_abstracts.html（2020年2月15日アクセ
　　ス）；Table on demand and supply of food by MAFF, https://www.maff.go.jp/e/
　　data/publish/annual_2008.html（2020年2月15日アクセス）。
62）　マーケティングリサーチ会社のエーシーニールセンによる調査結果。「AC尼爾森
　　2001年度購物習慣報告顕示：超級市場人気急昇」『新快報』，2001年7月24日。

品でもカット加工等を経ず素材の形状を保った商品を選好し，その分インス
トア加工の重要性が低い。これは農貿市場（小売）での販売・消費の形態を
色濃く引き継いでいる。農貿市場では，鶏肉類の場合，小売商が家禽を生き
たまま販売し消費者の目の前で屠殺するか，消費者が自宅で自ら屠殺するの
が普通であり，豚肉や牛肉では，店頭での消費者の求めに応じて小売商が大
きな塊肉から必要な部位を切り取り，量り売りするのが一般的であった。魚
介類は素材のまま店頭加工もせず量り売りをする。青果物も同様である。こ
うした販売・購買方法は，スーパーが生鮮品の取扱いを開始した際には，そ
のまま取り入れられた。外資系の場合には，当初，中国国外で一般的な，素
材をカット，パッケージした上での販売方式を取り入れたが，消費者の嗜好
に合わず，むしろ農貿市場の方式を後から取り入れることになった。近年で
は簡易な加工を行い少量をパッケージした商品も販売されるようになってい
るが，その割合は欧米や日本に比すれば現在でも低い。こうした状況のため
に，青果，鮮魚，精肉の知識が埋めこまれた生鮮バックヤード設備システム
の重要性は（岸本，2013），日本などに比して限られる。こうした状況の下で
は，むしろ青果物と水産物でのロスの削減が重要である。同一商品の大量陳
列（顧客に選択可能性を保証するため必要）と顧客が手にとることから生じる
品質劣化に起因するロスも深刻である。また，精肉類では，店頭で加工・包
装を依頼してこれがなされた商品を受け取りながら，気を変えて結局はこれ
を購入せず売場に放置す顧客の存在も問題となる。

2.　生鮮スーパーへの着目（1999-2000 年）

(1)　永輝の概況

　生鮮スーパーにおいて一番手企業となる永輝は，2001 年に福建省の福州
市で民営企業として設立された。創業者は，高校中退後ビール卸売業に参入
し，さらにスーパー経営に転じていた同省出身の張軒松（1971 -）である。
張が 1998 年に設立したスーパーは中規模の薄利多売型スーパーであったが，
2001 年に福州永輝超市有限公司を設立して生鮮スーパー業態を立ち上げ，
2004 年には福建永輝集団有限公司を設けて多店舗展開を進めた。2015 年に

は全国18省で395店（すべて直営店）を持つに至っている。マーケティング会社が作成した統計では，2017年に中国の食料品店（グローサリー）市場に占める永輝のシェアは3.2％，全国ランクは第5位であった。

　同社はまた，中国の小売業が，店舗数の飽和やeコマースの台頭，業態間競争の激化で閉店ラッシュを迎えた2010年代以降も，成長を続けている。チェーンストアの同業者団体（中国連鎖経営協会）によるトップ100社ランキングに，永輝は2006年に売上高49位でランク入りし，その後も順位を上げ，2015年には10位となった。10位以内にスーパーマーケット企業は3社あるが，非外資・非合弁系企業は永輝のみである。しかし2010年代に入りこれら企業の成長は総じて頭打ちとなっており，その中での永輝の拡大は目をひく（表3-1）。2006年に売上高で同規模であった家家悦と外資系大手のオーシャンとは異なり，永輝はその後も高い成長率を維持した。2010年代前半に永輝の年間売上高は国内大手の「農工商」やカルフールを超え，スーパー業界トップ企業となった。店舗数でも同じく，トップの大潤発を除いて，他社の店舗数の伸びが停滞する中で，永輝は2011年以降の5年で店舗数が2倍になった。2017年，永輝の営業利益率，自己資本利益率，年間売上高と売上総利益の成長率，在庫回転率は国内系競合スーパー企業の中ですべて1位ないし2位であり，他方，負債比率は最も低かった。総売上高ではグローバル企業のウォルマートやコストコには遠く及ばず，大潤発に比しても半分以下だが，営業収益の成長率は2015年から2017年の各年で15-19％であり，10％以下にとどまる上記の外資3社すべてよりも高い。営業収益率もマイナス成長が顕著な外資3社よりはるかに高かった[63]。

　永輝の店舗は，加工食品，日用品，衣料品，家庭用電器製品なども取扱うが，生鮮食品の販売は，売場面積の半ば以上，売上高でも総売上高の50-60％を占め（潘，2011，46-47），生鮮品販売が柱となっている。永輝の各店舗は品目別の組織構造を持ち，店長の下に人事と仕入れなどの責任者からなる事務室が置かれ，その下に，13の品目別部門が設置されている。これら各部門は，主体的に自らの業務の運営に責任を持つ単位とされ，「小店」（子

63）　永輝，康成，ウォルマート，コストコ，家家悦，人人楽，歩歩高，百聯，華聯，中百の2015-2017年度の年度報告書。

表3-1　永輝と主要競合他社のスーパー売上高と店舗数の推移

（単位：年間売上高：億元，店舗数：店）

		永輝	聯華	康成 （大潤発）	カルフール	ウォル マート	農工商	オー シャン	家家悦
2006	年間売上高	40	440	196	248	150	196	62	62
	店舗数	129	3913	68	95	71	1857	16	375
2007	年間売上高	51	463	257	296	213	221	57	73
	店舗数	173	3774	85	112	102	3226	20	411
2008	年間売上高	70	501	336	338	278	267	82	85
	店舗数	205	3932	101	134	123	3330	31	456
2009	年間売上高	102	672	404	366	340	267	99	101
	店舗数	268	5599	121	156	175	3331	35	489
2010	年間売上高	160	700	502	420	400	278	135	123
	店舗数	286	5293	143	182	219	3204	41	524
2011	年間売上高	203	681	616	452	430	303	127	163
	店舗数	204	5221	185	203	271	1274	45	573
2012	年間売上高	279	657	725	453	580	303	163	182
	店舗数	249	4762	219	203	395	954	54	595
2013	年間売上高	351	688	801	467	722	300	151	190
	店舗数	288	4600	264	236	407	944	59	488
2014	年間売上高	430	617	857	457	724	294	165	210
	店舗数	337	4325	304	237	411	908	68	491
2015	年間売上高	493	605	897	401	736	285	181	230
	店舗数	392	3912	432	234	409	993	—	485
2016	年間売上高	544	598	933	505	767	277	181	238
	店舗数	487	3648	368	319	439	917	78	498

（出所）中国連鎖経営協会（2006-2016）より筆者作成。

注：農工商の2007-2010年の店舗数，家家悦の2012年以前の店舗数には，いずれもコンビニエンスス
　　トアが含まれている。

店舗）と呼ばれている。その構成は以下である。「収銀小店」（レジ部門），「客服小店」（アフターサービス部門），「酒水小店」（酒類・飲料の販売部門），「文家小店」（文房具・寝具販売部門），「家庭用品小店」（家庭用品販売部門），「清潔用品小店」（トイレタリー品販売部門），「干雑日配小店」（穀類，スパイス，ハーブ，麺類，砂糖，塩，鍋用の調味粉末，酢，醤油等調味料，漬物等の販売部門），「蔬活小店」（青果物の販売部門），「魚肉小店」（海産品・肉類販売部門），「干貨小店」（乾物の販売部門），「加工小店」（店内加工物の販売部門），「電商小店」（e コマース部門）[64]。

(2) 生鮮スーパーの発祥地としての福州市

　福建省は中国の東南部臨海部にあり，水産品の重要な産地であり消費市場である（図3-1 参照）。2017 年の福建省の漁業の総産出額は 12 億元であり，江蘇省，山東省，広東省に続いて全国第 4 位であった。また同年の全国平均年間 1 人あたりの水産品消費量 12kg に対して福建省は 29kg で，全国平均消費量の約 2.5 倍である。肉類の消費量は 32kg であり，これも全国平均消費量より 20 ％多い（福建省統計局・国家統計局，2018，181；国家統計局，2018，177，396）。生鮮品の生産量と消費量が多いことは，生鮮スーパー業態の成立には有利であった。福建省の消費者は鮮度の高さも求めているだろう。

　また福建省は，全国的に重要な生鮮品の流通拠点でもある。省都である福州市に 2009 年まで置かれていた亜峰農貿市場（台江区鰲峰洲大橋）は大規模な卸売市場であり，野菜卸売市場，果物卸売市場，加工食品卸売市場，家禽卸売市場からなる。この卸売市場は，福建省はもちろん，周辺の広東省，浙江省，江西省の生鮮品流通にとっても，重要な拠点であった。

　永輝は当初，上記の亜峰農貿市場から生鮮食品を仕入れ，また直接調達を実現するためにここで農家を探した。今日，この亜峰農貿市場は姿を消しており，永輝が調達を行った卸売市場の様子を見ることはできないが，しかし卸売市場と永輝の関係は，これが移転した先の今日の姿から想像することができる。

---

64) 2019 年 7 月と 8 月に行った永輝の店舗 A と店舗 B の店長および人事スタッフへのインタビューによる。

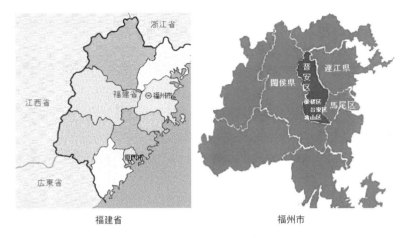

福建省　　　　　　　　　　　　福州市

図 3-1　福建省と福州市

　2009 年，都市化の進展に伴い，この亜峰農貿市場の機能は郊外の閩侯県
に設けられた公設卸売市場である海峡農副産品物流センターに引き継がれた
（写真 3-1，写真 3-2，写真 3-3）。永輝は，この物流センターから 1.7km の場
所に自社の物流センター（永輝物流）を設け，個々を，公設卸売市場からの
調達と，農家からの情報収集・自社独自の直接調達の拠点とした。

写真 3-1　2009 年に移転・開設された海峡野菜卸売市
　　　　　場の入口（筆者撮影　2019 年 7 月）。

写真 3-2　海峡野菜卸売市場。農家からの野菜は大型ト
　　　　　　ラックでここに運ばれる（筆者撮影　2019 年
　　　　　　7 月）。

写真 3-3　海峡野菜卸売市場。にんにく・生姜の専用卸
　　　　　　売場（筆者撮影，2019 年 7 月）。

(3) 創業までの経緯と生鮮品販売への着目

　上述のように，永輝の創業の基礎は，張軒松が1995年から1998年に福州
市に設けた3つの中規模スーパーによって築かれた。これらは低価格・薄利
多売を強みとしていたが，1999 年，市内に一気に 10 店舗以上の GMS が登
場したことで，スーパー業界では競争構造が急速に変化した。地元資本の
「新華都購物広場」，台湾資本のトラストマートをはじめ，外資系のメトロ，
ウォルマートを含め，10 店以上が市場に参入したのである。これにより福

州市におけるスーパーのストアイメージは一変し，GMS が一気に主要な小
売業態となった（斉，2012，29-30）。2001 年は，地元政府による「農改超」
政策（農貿市場をスーパー業態に転換する政策，上述）が本格化した年である。
多数の農貿市場が閉鎖され，代わりにスーパーの出店を促進する政策が取ら
れた。これに乗じて，外資系を中心とした上述の GMS 店とは別に，国内の
既存スーパー企業も市内に多数のスーパーを設けた。これらは，いずれも生
鮮品には重きをおかない既存タイプのスーパーであった。

　事業環境の激しい変化により，張の3店舗を含む中小型スーパーは大きな
打撃を受けた。張はこうした中，農貿市場の品揃え，立地，販売方式をスー
パー経営に取り入れ，他のスーパー企業との差別化を図ることを構想した。
2001 年，張は福州永輝超市有限公司を設け，生鮮品を中心とした中国初の
スーパーである「福州永輝屏西生鮮超市」を福州市に開店した（『商場現代
化』編集部，2013，22-23）。これは 1000 平方メートルの中規模店舗であり，
床面積の半ば以上を 1000 品目以上の生鮮品にあて，売上高に占める生鮮品
の比率は6割以上に達した[65]。生鮮品を品揃えの柱にし，GMS が常とした
中核商業地や繁華街の大通り沿いでなく，住宅地や生活道路，都市近郊に立
地する戦略を立てた[66]。販売方式も農貿市場に倣い，「早市」（朝市）と称し
て，一般のスーパーより2時間早い早朝5時半から営業を行った[67]。店頭で
の商品の陳列・販売・購入方式でも農貿市場の方式を踏襲していた[68]。

3. 産地直仕入れを柱とした仕入れシステムの構築（2001-2003 年）

　第2節で示したように，生鮮食料品の取り扱いに伴う課題を克服するため
には，(1) 産地からの直仕入れ，(2) 自家物流，(3) 店舗運営の改善が必須
である。永輝の場合，生鮮スーパー事業の初期においては，主に (1) の直

---

[65]　「農貿市場需要超市化」『人民日報』，2002 年2月12日。
[66]　「永輝超市是怎様煉成的？」『福建工商時報』，2010 年11月5日。
[67]　「永輝模式造就的『生鮮第一股』」『商週刊』2011 年第3期，58 頁。
[68]　「農貿市場需要超市化」『人民日報』，2002 年2月12日。

写真 3-4　永輝超市福州市屏西店（筆者撮影，2019 年
7 月）

　仕入れを軸に競争力の構築がなされた。その動きを確認し，あわせて物流に
おける初期の試みについても確認しておこう。
　産地調達のシステムは，同社が産地調達の利点を最初から意識しこれを追
求して実現したのではなかった。当初それは，調達量の確保のために調達
ルートを多様化したことの副産物にすぎず，その構築は，試行錯誤に基づく
創発的な過程であった。産地調達は先進国の食品スーパーでは珍しいことで
はないが，それをモデルに導入がなされたのではなく，眼前の問題への対応
から，中国最初の生鮮スーパーのモデルが登場してきたのである。
　その過程を具体的にみてみよう。1 号店（「屏西店」：写真 3-4，写真 3-5 参
照）では，開店直後に予想を超える来店客数があり，仕入れ量の不足による
品切れが頻発した。しかし単純に仕入れ量を増やせば，売れ残りと品質劣化
のリスクが高まる。また卸売市場では葉物野菜の販売時間は夕方から未明に
限られ，多頻度仕入れが困難であった。こうした中，農家からの直仕入れが
始められた。仕入れ先の情報は，卸売市場で卸売商から得たものである。こ
の経験により，産地の生産農家からの直仕入れが鮮度劣化の過程や原因の把
握という点で利点を持つことが認識された。永輝は，産地情報を持つ農民を
調査員として雇い，個々の農家の条件（栽培品の種別・品質・供給量等）や注
文対応能力をも含む多様な産地情報を蓄積し，個々の農家と長期の供給取引
契約を結び，店舗が位置する福建省内で安定調達を実現した（斉，2012，129）。

写真 3-5　屛西店内の野菜売場（筆者撮影，2019 年 7 月）

　一般的には，卸売市場にも利点があり，逆に直接の産地調達にも欠点があ
る。しかしこの時代の中国においては，卸売市場も卸売商も近代的な物流管
理能力を欠いていたから，物流の多段階性や積替えに起因する鮮度劣化やロ
スを回避するためには，産地からの直仕入れは唯一の選択であった[69]。また，
鮮度劣化が早い葉菜類において産地直仕入れのシステムが成立し，その利点
が認識されると，他の農産物への横展開も進められた。翌年には，この間に
進んだチェーン展開（2003 年 9 月までに 12 店舗）や販売量の増加を背景に，
調達の地理的範囲も大きく拡大し，省外の生産者からの直仕入れが開始され
た。
　こうした中，永輝は，農産品の産地直仕入れを意味する「直採」という言
葉を社内でも消費者向けにも使用し始めた[70]（写真 3-6）。産地からの直仕入
れは，単に調達量の拡大，鮮度劣化の回避のみならず，顧客に対して鮮度と
低価格をアピールする直接の手段となった[71]。さらにこれは，創業間もない
新企業に対する顧客の認知を高め，同時に生鮮スーパー業態が知られるきっ
かけとなった。
　直仕入れのための組織能力の構築は，2002 年から社内における仕入れ専

69)　永輝（2015）「『直采』的邏輯」『同道』第 179 期，9 頁。
70)　同上。
71)　永輝（2015）「到源頭去」『同道』第 179 期，10 頁。

写真 3-6　永輝自営の農業基地から直接調達されたカボチャとタマネギ。値札には
「生産者：永輝現代農業発展有限公司」とあり，自営農場で栽培された
ものであることがわかる。タマネギの表示には生産者の名前もみえる
（筆者により福州市で撮影，2019 年 7 月）。

門チームの設置を柱として行われた。最初の生鮮品仕入れ専門チームは 20
人のバイヤーからなった。バイヤーは卸売市場や小売店で生鮮品の販売に携
わり，栽培・選別の知識を持つ者をスカウトして確保することで養成期間を
短縮し，まずは福州市の市内で農家の発掘を始めた。産地調達においても当
初は素朴さが目立ち，価格設定も例外でない。仕入れチームは産地調達品の
市況について独自の情報は持たず，卸売市場での購入を担当する生鮮品部責
任者の情報に頼った[72]。直仕入れの地理的な範囲が拡大すると，全国の産地
の条件（気候，土壌，年産量，成熟期，価格帯）や各産地の取引方式の情報が
必要となり，市況に通じた専門的な仕入れチームはますます重要になった。
　具体的な発注方式も最適化が図られた。店舗数が 10 店を超えた 2002 年
10 月より，発注頻度を日に 2 回に改めた。開店時から昼過ぎ頃までの販売
を念頭に前日の午後 4 時に発注がなされ，その売上を見ながら，午後から閉

---

72)　永輝（2015）「到源頭去」『同道』第 179 期，10 頁。

店時までの分について当日の午前11時に発注を行った[73]。永輝による1日複数回の発注方式は，中国では先駆的である。

　物流の改善は，直仕入れの開始による自家物流部分の拡大と，多店舗展開に伴った物流拠点店舗の設置によって行われた。卸売市場を介さない以上，産地から自社の店舗までの物流を整備しなければならない。しかしこの時期10店を超えた店舗に産地から個別に輸送を行うのは非効率である。永輝は，複数の店舗のうちの1つを，入荷，保管，仕分け，出荷の機能を持つ物流センターと位置づけ，近隣の多店舗への配送拠点とした。なおこうした物流網の構築は，多店舗展開の際に同社が採用した「店舗モード複製」（門店模式複製）という手法と関係があった。この店舗モード複製では，「開拓店」と呼ばれる既存店舗の管理者層が自ら資金を調達し，自店舗の品揃え，仕入れ先，店舗管理をコピーした姉妹店を設ける。開拓店と姉妹店は物流網を共通化し，その1つの店舗を上記の物流センターと位置付ける（葉・林，2004，74；蔡・黄，2002，43）。

4. 仕入れ・物流システムの全国展開と店舗運営の革新（2004-2010年）

(1) 全国展開

　次に，永輝の多店舗展開・出店戦略について見てみよう。福州市内に15店舗を設け，市外への拡張が次の課題となった2004年，永輝は省内他都市への出店ではなくむしろ他の省に出店地域を築く方針を立てた。出店先は慎重に選ばれた。張は北京市と重慶市を1年間調査した後，本拠の福州市よりも後進的な都市である重慶市を初の省外出店先に選んだ。これは功を奏し，2008年には重慶市で小売業売上高第3位（潘，2011，46-47），全国チェーン企業売上高ランキングで43位となった[74]。同年には北京市にも進出し，2年後の2010年には貴州省と安徽省にも進出した。

73)　永輝（2015）「『直采』的邏輯」『同道』第179期，9頁。
74)　中国連鎖経営協会「2008年中国連鎖百強」http://www.linkshop.com.cn/web/archives/2009/109531.shtml（2018年1月21日アクセス）。

　全国展開の特徴は，販売面での店舗網の全国展開と，調達面における全国各地での最適地調達・物流網の構築が同時に進められ，両者の間に補完関係があったことである。創業社長の張は，1つの省や華北・華東・華中といった大きな単位での地域を「面」として確保してから他の地域に出店するのではなく，ドミナント出店を行う地域を非常に早い時期に全国的に分散化することの利点を強調する（潘，2011，46-47）。産地からの直仕入れを柱とする永輝の場合，集中出店地域を，全国的な仕入れ網における調達拠点と位置付けることが可能であり，永輝はこの可能性を最大限に生かした。中国では大企業化を目指し全国展開をした経営者が多かったが，張は生鮮スーパーの特性に合わせ，産地調達に有利な全国展開戦略をとった。日本の食品スーパーが地域性を特徴とし，全都道府県に出店する企業が存在しないことを考慮すると，国土面積でも地域文化の多様性でもずっとスケールの大きな中国において，永輝が早期に全国広域展開を目指し，他方，後続の他社には全国広域展開を行ったものがないことは，中国の生鮮スーパーの発展史の特質として特筆に値する。

(2) 全国的仕入れシステムの構築

　図3-2は，全国的な調達網の構築以降の生鮮品の仕入れ先の状況を示したものである。国内の調達先のうち，「農業基地」（後述），地元産地（「当地采購」），遠距離産地（「遠程采購」）からなる直接調達・直仕入れの比率は，2010年で76％を占め，残りは卸売市場となっている[75]。中国のスーパー全企業の平均では直接調達・直仕入れは25％に過ぎないので，永輝での比率の高さが目立つ。

　冒頭で触れたように，産地からの直仕入れには，調達先を固定することによるリスクや，商品の種類や質に関して必要なものを適量だけ確保するのが難しいなど，マイナス面もある。永輝はこれに，(1) 直仕入れ先の多様化，(2) 農業への参入，(3) 調達先への支援，(4) 調達先による出荷前処理の導入，(5) 仲介機能を担う社内外の組織・主体の設立と探索，(6) 仕入れ先へ

---

75)　「農産品PK永輝超市　流通方式誰倣主」『証券時報』，2011年4月27日。「永輝超市今発行　四新股同日上市」『上海商報』，2010年12月7日。

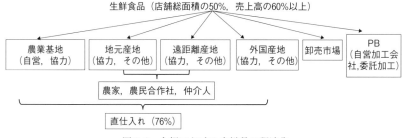

図 3-2　永輝における生鮮品の調達先

出所：以下の資料より作成。永輝（2006）『同道』（第 21 期）6 頁；永輝（2014）『同道』（第 174
　　　期）6 頁；「永輝：将超市産業鏈伸向田間地頭」『中国商報』，2010 年 1 月 22 日；「永輝超市
　　　今発行　四新股同日上市」『上海商報』，2010 年 12 月 7 日。
（注）1. 外国産地からの直仕入れは 2010 年代から始まった。
　　　2. 「自営」は自営農場，「協力」は協力農家，「その他」はその他の農家を指す。

の迅速な支払い，（7）「農民専業合作社」（日本の農協に相当，共同購入・共同
販売等を行う。本章で以下は農民合作社）との協力関係の構築により対応した。
　（1）の直仕入れ先の多様化では，全国規模への拡大と，自社農場・協力農
家・その他農家など多様な調達先の併用が，その手段となった（表 3-2 参照）。
このうち自社農場や協力農家の育成は，（2）の農業への参入の柱である。永
輝は 2003 年から全国で，一部は自社直営の，また一部は協力農家等（酪農家，
畜産農家，養殖業者を含む）からなる「農業基地」の構築を進め，2010 年ま
でに福建省に 1.67 万平方メートル，全国では 1133 万平方メートルの農地を
確保した。外資系スーパー大手が全国流通に載る地域の特産品のみをこうし
た農業基地で生産したのに対して，永輝は地元市場向けの多様な農産物の調
達にもこれを利用した[76]。
　（3）の調達先への支援は，これら農業基地においても，その外側でも行わ
れた。具体的には，コンサルティング部を設け，直仕入れ先の農家に，生産，
加工，包装，物流等についてのコンサルティングやトレーニングを提供し，
また種子を提供して，栽培品種等についても指導を行った[77]。
　これらの指導はしばしば，（4）の出荷前処理の導入に直結した。一部の生
鮮品では，それまで仕入れ側が行っていた農産物・海産物等の処理（枯れ葉

76）「永輝：将超市産業鏈伸向田間地頭」『中国商報』，2010 年 1 月 22 日。
77）同上。

表 3-2　生鮮品の直仕入れ先の類型

	所有	経営	長期取引	その他
自営基地	永輝	永輝	あり	—
合作農家 （契約栽培）	農家	永輝一部関与	あり	場合によって専属・全量買取
その他の農家	農家	農家	両方	同上

（出所）永輝ホームページ（2020 年 1 月 10 日アクセス）；「永輝：将超市産業鏈伸向田間地頭」『中国商報』，2010 年 1 月 22 日より作成。

　等の除去，不要部分の除去，洗浄，結束，箱詰め等包装）を調達先である農家側が事前に行うことで，店頭処理のコストを省き，また売れ筋商品のみの抜き取りを可能とした[78]。

　また（5）仲介機能を担う組織・主体の存在も，卸売市場を介さず，また調達先が自社の直接の管理下にある農業基地でもない場合には重要となる。調達する生鮮品に対する目利きや種類・数量の確保は，それまで卸売商などの中間事業者が担ってきた。直仕入れの場合には，これを自社で行う必要が生じる。永輝は経験者を高給で引き抜き，また組織の拡大・再編に際しては仕入れチームの専門性やスキルの向上を重視し，これに大きな資源を投入した[79]。近年ではバイヤーは，生鮮品の運営と生鮮品への消費者ニーズを熟知した店舗スタッフ（他社地元店舗および自社既存店舗のスタッフ）から選出されるようになった。これらは古参のバイヤーから現場で栽培知識と選別知識の指導を受け，全国で農地開拓を行った[80]。バイヤーは各地域の仕入れ運営部の管理を受け，また，各仕入れ運営部は本社の生鮮事業部に統括された。生鮮品のバイヤーは 2010 年末までの 10 年間で 300 人に達し，2015 年には600 名を超えた。バイヤー数の増加に伴い，1 人のバイヤーが 1 種類の商品に専門化して商品の開拓と調達を行うことも多くなった。前述のように永輝

---

78)　永輝（2015）「林浩錦：全程『保鮮』的生鮮物流」『同道』第 181 期，12 頁。

79)　「2010 超市生鮮経営研討会嘉賓観点集萃」http://www.linkshop.com.cn/web/ShopBell_Info.aspx?nbr=8354（2017 年 6 月 29 日アクセス）；「永輝模式 『農改超』的先行者」『中華合作時報』，2011 年 11 月 4 日。

80)　永輝（2010）「永輝超市：生鮮経営独門武器」『同道』第 120 期，26-27 頁。

は 2009 年に郊外に永輝物流を設立したが，その際，生鮮部は永輝物流に移り，物流機能との繋がりが強くなった[81]。こうした試みは，調達先の開拓やこれとの密接な協働の意識が希薄な多くのスーパー企業には見られないものである。永輝のバイヤーはまた，各地で特定の農家を指定して，これに近隣の他の農家との仲介機能（生産者に関する情報の収集，契約の仲介等）を与えた[82]。これらにより，新規に進出する不慣れな地域での直仕入れで生じうる交渉と探索のコストを低減することに成功した。

　中国では，スーパー企業，特に大手のスーパー企業は大きなバイイング・パワーを持ち，他方，生産農家などサプライヤーは弱体である。各種取引経費の分担割合，支払い条件，「入場費」（＝調達先に指定する際に調達側が課す取引料）の賦課など，価格以外の取引条件が著しく生産者に不利な形で設定されるのが常であり，国務院による是正勧告も出されている[83]。しかし永輝の場合には，信頼できる調達先の育成を優先し，こうした圧迫的な取引条件は課していない。(6)「仕入れ先への迅速な支払い」と上で記したように，産地からの直仕入れでも卸売業者からの購入でも，納品後 60 日前後での後払いが外資も含め業界の慣行であるが（陳，2013，20-21），永輝の延べ払い期間はその半分程度であり，産地からの直仕入れでは，即金払いや前払いも珍しくはない。こうした取引条件の良さと，永輝による信頼醸成の努力が奏功し，直仕入れ先の農家たちの多くは永輝との取引契約を遵守した[84]。

　上記の (2)(3)(5)(6) の各点は，いずれも，農家による取引契約の不履行のリスクを低減する。また，(7) 農民合作社との協力関係の積極的な構築も，同様の効果を持つ。中国では，流通の自由化が進み買取り保証が無くなった 2000 年代以降，農家が販路の確保に苦労する状況が生じた。スーパー等の近代的な小売企業への販売も難しかった。こうした中，農家は販路

81)　2019 年 7 月 8 日，2019 年 7 月 18 日，永輝の店舗 A と店舗 B の店長および人事スタッフへのインタビューによる。

82)　「永輝超市股份有限公司年度報告」2012 年度，14 頁；2013 年度，25 頁；永輝（2010）「永輝超市：生鮮経営独門武器」『同道』第 120 期，26-27 頁。

83)　「国務院二度召開常務会議降低流通費用」『華夏時報』，2012 年 12 月 29 日。

84)　永輝（2010）「永輝超市：生鮮経営独門武器」『同道』第 120 期，26-27 頁；「沃爾瑪家楽福盈利模式遭炮轟被指強行圧価」『第一財経日報』2009 年 5 月 18 日。

の開拓で合作社に頼るようになった。この農民合作社は永輝と供給契約を結ぶことで販路開拓の問題を解決した。また農民合作社は永輝の求めに基づいて農家を監督し，契約の遵守や品質の確保に努めた[85]。

(3) 物流システムの構築

　物流でも，仕入れと同様に新たなシステムの構築が必要となった。自家物流の整備，配送の集約化，多頻度発注方式への対応がその柱である。これにより永輝では，生鮮品の農地から店舗までの間のロス率を５％と，スーパー業界平均の 10–15 ％よりも低く抑えることに成功した[86]。前述のように生鮮品では適時，適品，適量での店舗への配送が必要である。また生鮮品の調達先は加工食品・日用品よりも数が多く地理的にも分散し，しかも季節性や市況変化の要素を持つ。しかし前述のように永輝が開業した時期には中国の物流産業は発展途上にあり，多品種・多頻度・小口配送のシステムを欠いていた。よって自家物流の構築は，永輝にとっては不可避の選択であった。

　しかし，店舗が一定の数に達していない段階では，自家物流による配送の集約化や多品種・多頻度・小口配送は，むしろコスト高に帰結しかねない。そのため当初は，自家物流体制を段階的に整備する傍らで，委託物流も併用した。具体的には，まず物流センターに関しては，自社所有の自営物流センターに加え，賃借で整備した自営物流センターや委託物流センター（他社との共同使用のものと自社専用の２種類）も利用している。また配送でも，自家配送と委託配送を併用している。物流センターへの産地直仕入れの生鮮品の集荷では自家配送と委託配送の双方が用いられたが，それ以外の商品はほとんどがサプライヤーによって物流センターまで配送された。物流センターから各店舗への配送も自家物流と委託物流の併用で行われた[87]。しかもこうし

85）「永輝：将超市産業鏈伸向田間地頭」『中国商報』2010 年 1 月 22 日；「永輝超市股份有限公司 2011 年度報告」2012，29–30 頁。「農民専業合作社」は 2006 年に「農民専業合作社法」の実施に伴い成立された組織であり，「非農業の農産物加工企業，流通企業，農業資材企業の経営者が出資金を出して理事長となり，地域の有力者の人的関係を生かして農民を組織化し，農産物や資材の流通を一手に担うという形態」である（浅見，2015，2）。

86）永輝（2015）「林浩錦：全程『保鮮』的生鮮物流」『同道』第 181 期，12 頁。

た中でも，永輝は自家倉庫と自社配送員を最大限に用いた。委託物流でも自社による管理を徹底している。物流センターへの集荷でも店舗への配送でも，配送の前に委託先のドライバーではなく自社社員がトラックのサイドドアとリヤドアにカギをかけ，物流センターや店舗に到着する際には，自社員がカギを開ける（写真3-7）[88]。

　自家物流の柱は，自社所有の物流センターである。前節で言及した「店舗モード複製」による物流（複数店舗群のうちの一店舗にエリア内の全店舗をカバーする物流機能を付与）は，店舗増と出店地域の拡大の中で次第に非効率となった。そのため永輝は，物流企業との提携や他社の物流センターの賃借をも利用しつつ，2003年以降，全国各地に，個別の自営配送センターへの物流を集約するハブとして，中央配送センター（「中央配送中心」Central Distribution Center［CDC］）を設立していった。これは永輝の自社所有で，福州市（南嶼と福湾），安徽省，重慶市，遼寧省，四川省に設けられ，後述のように店舗増で機能が変化するまでは，まずは全国の拠点間配送を担った[89]。これらの物流センターは，保管機能を軸とするストック型（在庫型）物流機能と，物流経路の集約と仕分けの機能を軸とする通過型（仕分け型）物流機能を兼備し，国際的にも遜色のない生鮮品保蔵機能（厳格な温度・湿度管理等）や倉庫内搬送システム，情報システム等を備えていた（写真3-8）（曹，2015，96）。物流センターへの集約は，各店舗での分散的な保管量を節減し，コスト削減に貢献した。また物流センターは，納品リードタイムの短縮にも貢献した。多くの生鮮品ではこれは24時間以内，遠隔地からの調達でも2日間以内となった。

　永輝の物流センターは，各地・各省に設けられた公設の物流拠点（保税機能を持つ「物流園区」やロジスティクスセンター），あるいは公設の卸売市場に

87）「永輝超市股份有限公司年度報告」，2010年，19-20頁；2011年，26，30-31頁；2012年，10頁；2013年，29-30頁；2015年，151-152頁；2016年，26，137頁；2017年，26，34-35，140頁。

88）　2019年7月8日，2019年7月10日，永輝の店舗Aと店舗Cの店長へのインタビューによる。

89）　永輝（2015）「永輝超市織就超級物流網絡」『同道』第181期，9頁。

写真 3-7　永輝配送センターの車両
出所：『同道』（第181期），9頁。

近接立地しており，各地域の仕入れ運営と物流運営の機能を持っていた。発祥の地としての福州市に関する部分で触れた海峡農副産品物流センターと永輝の物流センター（永輝物流，写真3-9）の関係は，典型的なものである。

　物流の改善は，物流センターの設置のほか，配送の集約化・共同化と，これとも関連して行われた多頻度配送の実現によっても行われた。産地直仕入れの生鮮品は生産地から，また他の商品は各種のサプライヤー・卸売商から物流センターに集められ，店舗に一括配送される。同日多頻度配送，同時多種配送，小口配送体制も導入された[90]。配送の共同化により，多頻度配送にもかかわらず全体の配送頻度は抑えられた。配送の集約化・共同化は，当時はもちろん，今日も中国のスーパーにおいてはほとんど見られず，永輝の特徴といえる。

　商品の流れを規定する発注方式においては，永輝は，競合他社が通常採用する直接的な発注方式に加え，「店舗＝物流センター」「物流センター＝産地・サプライヤー」の2つの段階からなる間接的な発注方式を導入した（図3-3参照）。前者では個々の店舗が産地の調達先やサプライヤーに個別的に発注を行う。後者は共同配送の利点を生かす方法であり，物流センターは各店舗が個別に行う発注を集約した上で，産地や各種のサプライヤーに発注す

90）　永輝（2015）「永輝超市織就超級物流網絡」『同道』（第181期），9頁。
91）　同上。

写真 3-8　永輝の中央配送センターの常温倉庫
出所：『同道』（第 181 期），12 頁。

写真 3-9　永輝物流の正門（筆者撮影，2019 年 7 月）

る[91]。

　中国では，サプライヤーが直接に各店舗に配送するのが一般的である。例えば店長の権限が強いカルフールの場合には，発注と配送は店舗とサプライヤーの間で行われている（杜，2009，34）。またメトロの場合，その物流は永輝と同様に物流センターに集約されているが，発注権限は本社に集約されており，各店舗は物流センターではなく本社に発注を行う（王，2010，112）。これに対して永輝では，直接発注と間接発注の 2 方式を併用し，商品の属性により柔軟にいずれかの方式が選択される。売れ行き，市況や品質劣化の速

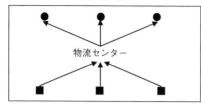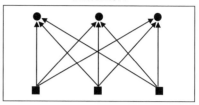

集約発注方式　　　　　　　　　　　　個別発注方式

図 3-3　永輝の発注方式

（出所）永輝超市股份有限公司（2015）『同道』（第 181 期），9 頁より作成。
（注）1. 矢印は発注方向（発注者→発注先）を表す。
　　　2. ●：産地・サプライヤー。■：店舗。

度等によっては，物流センターでの集約を待たず直接に産地・サプライヤー
に発注する方が合理的であることから，適切に運用されればこれは競争力に
つながるであろう。

(4) 店舗運営

　消費者に最も近い部分である店舗運営では，中国の特徴として，第 2 章で
言及した請負制度の広範な利用がある。請負制度は，そもそもは計画経済か
ら市場経済への転換の際に，労働インセンティヴの向上や経営効率化の手段
として小売業やスーパー業態に限らず多様な産業で広範に用いられたもので
ある。市場の制度環境はその後大きく変化したが，請負制度自体は今日の小
売業でも広範に残っており，スーパー業態においても，売場ごとに独立事業
者に売場の運営全体を委託したり，あるいは売場の運営は直営で行いつつも
販売活動だけを独立の販売員に委託することは珍しくない。前者においては，
独立の小売商が複数のスーパー店舗に出店している場合もある。永輝でも，
こうした請負業者や請負販売員を用いているが，しかし全社共通の運営基準
を設けた生鮮品売場においてはこれを用いず直営とし，自社の社員，それも
正社員に売場の管理と販売にあたらせた（彭，2011，91）。以下に述べるよう
な販売方式やそれを支える人的資源は，この直営方式を前提としている。
　前述のように，中国の小売店では日本の店舗オペレーション・システムで
要求されるような技量・技術・設備は必要ではない。しかし冒頭で述べたよ
うな強い鮮度指向の下では，陳列や価格調整等での高いスキルはやはり重要

であり，生鮮スーパーの競争力の柱ともいえる。陳列方式の改善は，ロスの
削減を実現するノウハウの確立を柱としていた。中国では小分けやパックの
上で販売される生鮮品の比率は一般的には 2010 年頃までは非常に低く，多
くのものは，顧客が丸ごとの素材を選び，計量のうえ結束・梱包するのが普
通である。顧客が好みの個体を選べることが重要であり，そのためには十分
な数を陳列する必要があるが，その場合，選択の結果により残るロスが問題
となる。こうした中，低価格の大量販売を指向する総合スーパーでは，生鮮
品であれその他の商品であれ，大量の商品で陳列棚を常に満杯にする陳列方
法がとられた。しかし 2000 年代の永輝店舗は，農貿市場の陳列施設と販売
システムを最大限に維持しながら，商品を陳列棚の前面に適宜寄せる等，陳
列の量を減らしつつもたっぷり感を演出する陳列のノウハウを確立した（写
真 3-10，写真 3-11 参照）。写真 3-10 は，永輝の創業まもない時期からの比較
的歴史の古い店舗の様子を示す。上海の店舗等と違い，パッケージ包装では
なく農貿市場で一般的であったような食材を丸ごと並べた陳列であるが，し
かし陳列する商品の量は，上のような手法によって何層にも積み上げること
なく比較的少量に限定されている。水産品，野菜，果物の売場では，永輝は
一般的には，正社員の店員をほかの売場より多く配置し陳列棚を頻繁に整理
する責任を持たせている[92]。

　また売れ行きや鮮度劣化に即応した価格更新も追求された[93]。大潤発や
ウォルマートなどの総合スーパーと異なり，永輝では，各店舗が値下げの権
限を持っていた。生鮮食品の多くは 2 日以内に売れないと傷んでしまうとし
て，永輝の店舗では，入荷から 2 日目に売れ行きをみながら 5 回以上の値下
げをする方法がとられている。これで，在庫回転率が高くなり，生鮮食品の
ロスを避けられる[94]。一方，大潤発とウォルマートなどの標準化と大規模化
を重視した外資系企業は，店舗に権限を委譲することに消極的で，本社が価
格の調整の決定権を持つ。

　これらの効果により，永輝は店頭でのロス率を低い水準におさえた。例え

92）　2019 年 7 月 8 日，永輝の店舗 A の店長へのインタビューによる。

93）　永輝（2010）「永輝超市：生鮮経営独門武器」『同道』第 120 期，27 頁。

94）　2019 年 7 月 8 日，永輝の店舗 A の店長へのインタビューによる。

写真 3-10　永輝の店内（福州市）
創業まもない時期に開業した古くからの店舗では，農貿市場と同じ水
槽や水洗いを前提とした床構造が用いられている。しかし貝類もこの
ように陳列量は控えめである（筆者撮影，2019 年 7 月）。

ば重慶市では，永輝のロス率は最大で 4 ％であり，大型総合スーパー各社で
は 6 ％（カルフール）から 9 ％（「新世紀百貨連鎖超市」やウォルマート）に達
していたのに比して，低い水準にとどまった[95]。

　陳列の前提は商品の分類であるが，ここでも永輝の対応は特徴的である。
インストア分類では，業態内で一般的に行われる作業（不要部分の除去，洗浄，
サイズ等による分類）に止まらず，高いマージンを獲得できる高品質の商品
の選別が重視され，高品質とされた商品は高品質を謳って高単価で販売され

---

95)　「永輝：生鮮『一指禅』独歩江湖」『中国商報』，2011 年 11 月 1 日。

写真 3-11　永輝超市の福州市店舗の店内水産品売場と
　　　　　　肉類売場。魚と肉を一層だけ陳列する。店
　　　　　　員が陳列棚を随時整理している（筆者撮影，
　　　　　　2019 年 7 月）。

た。生鮮品販売を柱としない一般のスーパーにとっては人件費の増大につな
がるインストア分類は余計なコストであったが[96]，永輝にとってこれは利益
に直結する価格戦略の手段であった。

　店舗運営は，冒頭で触れた食生活・消費行動における各国間の差異や「鮮
度指向」が鮮明となる領域である。ここでは，この鮮度指向と，それに対す
る永輝による取り組みを示す 2 つの事例を紹介しておこう。1 つは，生きた

---

96)　「永輝観察：果蔬部門具体流程操作」『中国商報』，2015 年 4 月 14 日。

家禽・魚介類の売場での処理と顧客のリクエストに応じた店頭加工である。
中国の通常のスーパーでは，顧客が売場で指定した家禽や魚をその場で締め，
あるいはさばいてパッキングし顧客に手渡す。しかし会計前に顧客が気を変
え売場に放置することも多くあり，ロスにつながっていた。永輝はそこで，
会計後に無料で加工処理を行う方法を導入している[97]。

　鮮度指向のもう 1 つの事例は，一日のうち購入時間帯が早いほど鮮度が高
い，という消費者の意識に関わるものである。この伝統的な意識は，スー
パー等の新業態の定着後も根強く残っている。そのため一般のスーパーは，
日中の販売では鮮度をアピールし，夜には価格を下げて購入を促す方法を
とった。しかしこの場合，夜間にしか買い物ができない者は「新鮮」な商品
を手に入れられないことになる。永輝はそこで，「夜市」と称し，低価格で
はなく商品陳列棚の装飾やその他の工夫でむしろ新鮮さをアピールする販売
方法を導入した。夜間に来店する若者を狙い軽食を提供したり，調理の手間
を省くインストア加工を施した生鮮品を投入したりして[98]，夜間においても
生鮮品を購入するという習慣を広めたのである。

5.　急激な全国化と調達システム・店舗運営の変化（2010-2016 年）

　2010 年以降は，出店地域も仕入れも，新たな段階に入った。永輝の出店
地域は，産地開拓を主たる目的とした拠点も加わるなどして，2010 年以降，
全国化が急激に進んだ。この時期までに，華北では北京市，天津市，山西省，
河北省，華東では福建省，安徽省（合肥市），上海市，江蘇省，浙江省，西
南地域では重慶市，四川省，貴州省（貴陽市）に店舗網を築いていた。新規
出店地域として，これに華南の広東省，華中の河南省，それに中国の東北地
区が加わった。特に東北地区では，産地開拓を兼ねた出店が目立つ[99]。

　仕入れの拡大，および安定的な供給実績のあるサプライヤーや農家の増加

97)　永輝（2010）「探析永輝超市生鮮高毛利的秘密」『同道』第 120 期，24 頁。

98)　永輝（2008）「在学習中感悟」『同道』第 65 期，7-8 頁。

99)　永輝（2015）「攻堅克難　開疆拓土」『同道』第 181 期，9 頁。

に伴い，永輝は仕入れチームの改革を行った。2014年までの地域ごとのバイヤー管理は，短期間で全国に直仕入れ先を拡大するためには効率的であった。しかし仕入れ量が拡大すると，次第に本社で各品目の仕入れ状況を効率的に把握するのが難しくなった。そのため各地域単位でのバイヤー管理を廃し，品目ごとにバイヤーを全国規模で管理する形に変更された[100]。2010年代には，永輝は地元政府との協力関係を積極的に構築した。これは契約農家による取引契約の確実な履行に繋がった。2010年代になると，前述の農民合作社に加えて，産地の地元政府も農家による契約の履行や品質・納期等を監督する役割を果たした[101]。

　2010年代の出店地域の拡大では，地域分散的チェーン展開が進められ，店舗密度は低下した。これにより物流コストは上昇したと考えられるが，しかし永輝では，営業利益の減少につながるほどの影響はなかった。物流コストのデータは直接には得られないが，2010年代の販売費・一般管理費率は13-15％と安定的であった。物流コストの上昇自体がわずかであったのか，他のコストの効率化が同時に進んだからなのかは不明であるが，2010年代には，絶対額では販売費・一般管理費も，売上総利益も，毎年いずれも2割台の増加を記録している。また営業利益の伸び率も2割台後半を常に上回っていた[102]。このようなことから，店舗密度の低下による物流費増があったとしても，成長への制約にはならなかったとみられる。

　自家物流に伴うコストの面では，政府の政策とこれによる資金的支援がコスト軽減の効果を持った。国務院は2011年には農産物物流に対する減税措置を開始した。永輝は，2013年以降，自家物流の構築に際して各地の市政府から資金的に支援を得た。こうした中，永輝の自家物流比率は2017年に45％以上に達した。2013年の永輝の年次報告書では，河南省と江蘇省での赤字幅の4割減を，自家物流の拡大の成果としている[103]。

---

100)　「永輝超市股份有限公司年度報告」2015年，17頁。

101)　「山仔橙出山記」『福建日報』，2018年11月24日。

102)　「永輝超市股份有限公司年度報告」2010年版～2017年版。

103)　「永輝超市股份有限公司年度報告」2011年，26頁；2013年，135頁；2017年，19，160–161頁。

写真 3-12　永輝の店内
生鮮品は現在でも主に量り売りで販売されている（筆者撮影,
2019 年 7 月）。

　中央配送センターの整備については前述したが，出店地域の拡大に伴い，
この中央配送センターから地域内の各店舗への配送を行うために，地域共同
配送センター（「区域分発中心」，Regional Distribution Center［RDC］，賃借の
うえ自営）が設けられた[104]。同時に上海市と江蘇省では，物流業者への委託
によって永輝専用のサードパーティー・ロジスティクス・センターが設けら
れた。2010 年代の物流センターから各店舗までの配送も，自社によるもの
と委託によるものがあるが，自社配送の具体的な比率は不明である[105]。なお，
永輝物流センターの倉庫と納品専用スタッフの給与水準は物流業界の他社よ
りも低く，自家物流のコストが抑えられている（国家統計局，2018, 131-133）。
　中国における e コマースの急進展と物流センターの増加に伴い，永輝の各
店舗の発注方式と発注頻度も変わっていった。永輝は近年，「供応在線」（オ
ンライン仕入れ）のアプリを導入し，各店舗の店長はスマートフォンでこの
アプリを利用して物流センターに随時発注し，サプライヤーもこれを利用し
て出荷するようになった。ただし，仕入れ機能は永輝本社の仕入れ専門チー

　104）　永輝（2015）「永輝超市織就超級物流網絡」『同道』第 181 期，9 頁。
　105）　「永輝超市股份有限公司年度報告」，2010 年，19-20 頁；2011 年，26，30-31 頁；
　　　2012 年，10 頁；2013 年，29-30 頁；2015 年，151-152 頁；2016 年，26，137 頁；
　　　2017 年，26，34-35，140 頁；『同道』第 151 期，9，11 頁。

ムだけが持ち，各店舗はサプライヤー
である農家や農民合作社と接触する
チャンスを持たない。

　店舗管理でも，市場の変化に合わせ
て調整が行われた。中国では市場化の
進展とともに労働時間が全国的にも長
くなったが，それもあって消費者の多
くは，利便性や簡便性を以前よりも重
視するようになった。そのため永輝は，
2016 年から量り売りからパック売り
への転換を試行し始めた（写真 3-12）。
永輝は韓国企業と合弁で加工・パック
詰め会社を設立し，技術とノウハウを
導入してパック売りに伴うコストの抑
制を図った[106]。永輝はパック売りのた
めに，プライベート・ブランドである

写真 3-13　永輝店内のパック売りコーナー
2016 年頃より導入され，現在重慶，福建，北
京，四川，安徽，江蘇で工場が設けられた
（筆者撮影，2019 年 7 月）。

「彩食鮮」を作り，店舗内では「彩食鮮」に加えて，他社のパック売りブラ
ンドも導入した。ただし，他社のパック売りブランドは，永輝の自営商品で
はなく，売場スタッフもサプライヤーに所属していた（写真 3-13 参照）[107]。

　同時に，所得向上に伴う食に関する意識の高まりへの対応もなされた。永
輝は，2010 年，業界で初めてとなる高級店舗の開設に着手した。その第 1
号店「Bravo」は重慶市のショッピングモールへの出店であり，以後続々と
同種の店舗が設けられた[108]。高級店舗は従来の店舗の柱である鮮度指向を維
持しつつ，これに本章の冒頭で触れた健康・自然指向の要素を加えたもので
ある。生鮮品中心の商品構成は変わらないが，富裕層やそれに準ずる購買者
層向けに，高級イメージや信頼感のある外国産食品やブランド品の品揃えを

106)　「超市生鮮標準化」『北京商報』，2016 年 8 月 3 日。
107)　2019 年 7 月 8 月，永輝の店舗 A の店長へのインタビューによる。
108)　永輝（2010）「首家精緻超市」『同道』第 126 期，11 頁。
109)　永輝（2014）「永輝超市：競争転型中的門店昇級路」『同道』第 174 期，11 頁。

強化した[109]。高級店舗にはそれに即した品揃えと仕入れが必要であり，永輝は，生鮮品一般での同社の強みである生鮮品の直仕入れを国外製品にも応用し，国外からの直仕入れ網を拡大した。当初は政府が輸入先国と連携して開催した外国生鮮物産展を利用し，貿易会社等と提携して国外の生鮮品を導入した。2014 年にはオーストラリアからの直仕入れを開始し，その後は国外からの直仕入れを各国に拡大した[110]。

6. 生鮮スーパーの「業態」としての成立

　本章では生鮮スーパーを生み出した永輝の軌跡を辿ってきたが，それでは，一企業による革新という範囲を超えて，生鮮スーパーが「業態」としていつ頃確立したと言えるだろうか。本書ではこれを，2010 年代のことと考える。この時期，一番手企業である永輝のみならず，他の企業も永輝に倣って生鮮スーパーを展開するようになったからである（表3-3）。官公庁統計には生鮮スーパーという分類はないが，民間の統計によれば，2016 年には生鮮スーパーの市場規模は 1 万 3000 億元であり，スーパー業界（大型超市，コンビニなどを含む）の総市場規模の 30 ％を占めていた。生鮮食料品の販路に占める割合では，2017 年には生鮮スーパーは 20 ％以上の販売額を占めた。また生鮮スーパーとして消費者に認知されている企業の現況を拾った表3-3 からは，業態としての広がりも確認できる。小型店舗が基本で店舗数で永輝に次ぐ生鮮伝奇は，参入 3 年目で総売上高は 2 億元に達した。永輝と同じく中型の生鮮スーパーを展開する盒馬鮮生の総売上高は 2 年目で 35 億元に達したが，これは全国チェーンストアで 47 位である。多事業展開企業に分類される企業の中には，この両社を生鮮スーパーの事業規模で凌駕する企業もある（隣里生鮮など）[111]。

---

110)　永輝（2011）「泰国冷凍榴蓮国慶登陸永輝超市帯您嘗鮮極品口感」『同道』第 136 期，7 頁；永輝（2014）「閩澳商貿合作　永輝落地結果」『同道』第 174 期，6 頁。

111)　智研コンサルティング「2017 年―2013 年中国生鮮超市行業深度調研与発展前景予測報告」；KPMG コンサルティング「中国零售服務業白皮書」；中国連鎖経営協会「2017 年中国快速消費品連鎖百強」。

表3-3 主要な生鮮スーパー

名称 \ 項目	参入時期	所属企業	店舗数（2018年末）	展開状況
永輝超市	2001年9月	永輝超市股份有限公司	705	28省
京捷生鮮	2015年3月	北京京客隆商業集団有限公司	20	北京
生鮮伝奇	2015年12月	安徽楽城投資控股有限公司	110	安徽
盒馬鮮生	2016年1月	阿里巴巴網絡有限公司	40	上海，北京，浙江
地利生鮮	2016年4月	地利農産品投資控股有限公司	12	遼寧
隣里生鮮	2016年6月	中百超市有限公司	110	湖北
星力恵民生鮮超市	2016年9月	貴陽星力百貨集団有限公司	9	貴州
恵民生鮮合力超市	2017年1月	貴州合力商業投資集団	13	貴州
掌魚生鮮	2017年7月	北京三快在線科技有限公司	96	北京
供銷大通e家	2017年8月	中国供銷集団有限公司	4	浙江
7Fresh	2017年10月	京東商城有限公司	2	北京

出所：各社のホームページ（2019年12月25日アクセス）により作成。

　生鮮スーパー業態への参入は，3つの形でなされた。第1に，総合スーパーや，その他の小売業態の企業が，上で指摘したような生鮮スーパーの優位性に着目し，あるいは既存業態での競争から逃れるために生鮮スーパー事業に参入した。例えば北京市の地元小売企業である「京客隆超市」は，「京捷生鮮」のブランドで生鮮スーパーに参入した。同社は，2019年時点で，北京を中心に300店の生鮮スーパーを展開している。第2に，eコマース企業による参入がみられた。生鮮品のネット通販の基地も兼ねて実店舗の形で生鮮スーパーを出店するものであり，アリババグループによる「盒馬鮮生」（以下は盒馬）の出店はその典型である。第3に，各地の地域的な流通企業による生鮮スーパー事業への参入が進んだ。その多くは，政府の政策が生んだ

写真 3-14　盒馬鮮生の店内：野菜は全部パック売り
（筆者撮影，2019 年 7 月）。

事業機会によるものである。依然として多数残る農貿市場の改組や，政府に
よるインフレ対策がそうした契機になった。例えば貴州省政府は農貿市場を
生鮮スーパーに転換したが，その際，運営事業者を公開入札で決定し，地元
の流通企業「貴州合力商業投資集団」と「貴陽星力百貨集団有限公司」が選
ばれた。同様の事例は各地でみられる[112]。

　またネットの普及が流通業に大きなインパクトを与える中で，近年，スー
パーの中で生鮮スーパーの優位性は相対的に強まっている。2010 年頃より e
コマースが急拡大し，実店舗に基づく流通企業は大きな打撃を受けたが，e
コマースによる対応が容易ではない生鮮品の取り扱いを柱とする生鮮スー
パーでは[113]，これは深刻な打撃となっていないからである。

　このように生鮮スーパー業態が確立すると，とりわけ競合する他の業態と
の融合や部分的な組み合わせの模索の中で，標準的な生鮮スーパーの形態か
ら逸脱するバリエーションも登場するに至っている。ここでは，全国チェー
ンストアランキング 47 位（2018 年）に位置し，e コマース小売を柱とする

112）「7 家恵民生鮮超市献礼中秋」（貴陽市商務局が公表したニュース http://www.
　　gygov.gov.cn/art/2016/9/19/art_10683_1027971.html，2017 年 11 月 28 日アクセス）。
113）「配送成本拖垮生鮮電商　永輝『半辺天』網駅悄然下線」『企業家日報』，2013 年
　　6 月 3 日。

写真 3-15　盒馬鮮生の店内：パック売りの
肉類（筆者撮影，2019 年 7 月）。

写真 3-16　盒馬鮮生の店内：店内加工キッチンとレス
トラン（筆者撮影，2019 年 7 月）。

生鮮スーパー，「盒馬鮮生」について検討してみよう。

　盒馬鮮生は，中国で 2 番手の e コマース企業である京東商城の物流部署の
元責任者によって，2014 年に創業された。最初の店舗は 2016 年に開業した
上海店であり，5000 平方メートルの店舗面積の 80–90 ％以上を食品が，ま
た 40–50 ％を生鮮品が占める典型的な生鮮スーパーであった（邵，2019，4）。

写真 3-17 盒馬鮮生の店内：携帯アプリ
注文に対する納品用のコンベ
ヤーは天井に設定されている
（筆者撮影，2019 年 7 月）。

　しかしその店舗網が約 10 店舗に拡大した 2017 年，盒馬はアリババにより
買収されてその傘下に入り，実店舗の運営に加え，携帯アプリの注文に応じ
実店舗で販売する商品を販売・配達する e コマース事業が開始された。配達
エリアは店舗から 3 キロ以内であり，商品は注文から 30 分以内に配達され
る[114]。

　このように e コマース事業も行うが，盒馬鮮生の強みは，永輝など典型的
な生鮮スーパーのそれと変わらない（写真 3-14，写真 3-15）。盒馬も農家や
農民合作社と長期取引の契約を結び，あるいは自営の農場を設けて，産地直
接調達を柱とした仕入れシステムを構築した。品揃えでは水産品に重点を置
き，一般の生鮮スーパーでは入手できない輸入水産品も扱った。ただし物流
では親会社であるアリババとの関係を生かし，アリババが全国で構築した物
流施設を利用して，多品種・多頻度・小口配送を実現している。なお一部で
は提携先である大潤発の店舗とも商品の在庫を共有している[115]。

114）「阿里巴巴承認投資盒馬鮮生」『電商資訊日報』，2017 年 7 月 14 日。

　盒馬鮮生も当初は先行する永輝を模倣して，これとよく似たターゲット顧客層，販売方式を取っていたが，ｅコマースの開始に象徴されるように，次第に差別化を進めていった。高所得の若い顧客層をターゲットにショッピングモールに立地したのである。後には，高所得の中高年層も重要な顧客層となった[116]。店舗には広く快適なイートインコーナーを設けたが（写真3-16），これは中国のスーパーの中では先駆的である。

　最大の特徴である携帯アプリ発注に対する店舗からの配送による販売は，総売上高の50-60％を占めている。アプリは顧客の現在地付近にある店舗とその在庫を示し，店舗での受取か，指定住所への配送かを選ぶことができる。注文情報を受信すると，盒馬の店舗は店頭に陳列されている商品から該当の品を選び，専用のバックに入れ，店舗天井のコンベアーで店舗出口の配送員の手元へとこれを運ぶ（写真3-17）[117]。

　盒馬鮮生はこのように，ｅコマースとの融合形態であり，差別化を伴っているが，しかし生鮮食料品を品揃えの中心とし，生鮮品の特質に合わせた仕入れ，物流，店舗運営の仕組みを柱としている点からするならば，依然として紛れもない生鮮スーパーである。

7.　生鮮スーパー業態の成立と歴史的条件・創発的プロセス

　本章では，生鮮スーパーという新業態がなぜ，どのように登場し，競争力ある業態として確立したのかを検討してきた。明らかになったのは，文化的な条件，制度的な要因と歴史的な文脈，競争環境，企業家による創発的な模索と革新のプロセスの重要性であった。中国の消費者の強い鮮度指向がなければ，生鮮スーパーは成り立ち得ない。計画経済から市場経済への移行という制度環境，そこで行われた流通改革の一環としての農貿市場の改革という歴史的文脈も重要である。スーパー業態が中国に移植された1990年代，

---

115)　2019年7月12日，アリババ研究院消費研究中心研究員A氏へのインタビューによる。

116)　同上。

117)　同上。

スーパーは生鮮品を取り扱わなかったが，90年代後半になると生鮮品流通の柱であった農貿市場がスーパー業態に再編されたのである。しかし生鮮品の扱いには，工業製品とは異なる固有の困難があり，スーパー業態に転換してもこの困難は消えるわけではない。そうした中，この困難を克服しえた限られた企業，具体的には永輝が，スーパー業態への大量参入と競争の激化の中で競争力を獲得し，GMSと差別化する形で生鮮スーパーという独自の新業態を確立するに至ったのである。

このプロセスは，目指すべきモデル——例えば国外の先進企業——があってそれを目指したというものではなく，中国の消費者の嗜好，社会的・地理的条件，その時々の市場条件に試行錯誤的に対応する中で創発的に生まれたものであり，創業者の張軒松の企業家行動によって実現したものであった。

永輝の競争力の基礎となり，生鮮スーパー業態の柱となったのは，生鮮品の特質に合わせて構築された仕入れ，物流，店舗運営の仕組みであった。仕入れでは，卸売市場からの調達に伴う不安定性を克服するために産地からの直接調達をはじめ，店舗網の全国的な拡張の過程で国内外に広く及ぶ産地からの直接調達網を構築した。物流においては，永輝は生鮮品にとっては最も重要であるが中国の物流企業が十分に対応できない多品種・多頻度・小口配送を可能とする物流システムを構築した。中国のスーパー業態で一般的な委託物流でなく，自家物流を柱に配送の集約化・共同化を行ったのである。店舗運営では，永輝は生鮮品の販売とロスの削減に重点をおき，自社社員の養成や，店舗発注方式，店舗陳列，商品分類等の改善・革新でこれを実現した。

国際比較の観点では，永輝が全国的な仕入れシステム・物流システムを構築し短期間に店舗網を全国化したことが目をひく。一般に生鮮品は地域性の強い商品であり，近代的な小売業の登場以前においては，生鮮品の流通・販売の多くは一地域内で完結していた。近代的な小売業と物流の発達は地域性を弱めたが，しかし生鮮品では流通の広域化は容易ではなく，多くの国で，生鮮品を主に扱うスーパーでは全国化が限られあるいは遅れるのが一般的である。地方都市で発足した永輝が，生鮮スーパーという独自の業態の確立とその強い競争力のみならず，広い国土と食文化の多様性にもかかわらず早期に全国化を進めたことは，中国における流通業の成長の歴史の特徴といえる

だろう。

　より広い視点でみるならば，本章の冒頭で触れた業態の成立と国外の類似業態からの技術移植の間の関連性については，以下のようなことが明らかとなった。20世紀，中国の産業は先進国に比していずれも大きく立ち遅れており，改革開放後における中国の産業や流通業の再編は，多くが国外からの技術・知識移転と，国外で生まれたモデルの移植によって進められた。小売業もその例外ではなく，スーパーやコンビニエンスストアなど，外国起源の業態が中国に持ち込まれた。これらの外国発のモデルは，当然ながら，移植の過程で中国固有の条件に合わせて多かれ少なかれ現地化がされたが，しかし業態の起源が国外にあることには変わりがなかった。しかし本章でその業態としての特質を描いてきた生鮮スーパーは，ある程度類似したモデルが国外にあり，また個々の手法では国外の事例と同種のものも見られるとはいえ，国外からの移植により成立したものではない。むしろそれは，中国の歴史的条件の中から，さまざまな試行錯誤によって創発的な過程の中で生まれたものであったのである。

第4章

都市間格差の「逆説」

──漸進的な改革下での百貨店の変容・革新

　本章の課題は，改革開放政策開始以降の中国の百貨店について，社会的・経済的な発展水準が異なる都市を比較しながら，業態の変容を考察することである。本章が比較するのは，上海市，済南市（山東省），淄博市（山東省）であり，これら3都市の百貨店について，その品揃え，仕入れ，売場等の店舗運営を中心に分析を行う。百貨店という業態の成長パターンや革新性は，都市の発展水準によって異なったのだろうか。もし異なっているとすれば，それはどのような側面においてなのだろうか。本章は政府が主導した経済体制の改革と百貨店業態の変容の関連も考察する。経済体制改革の漸進性（一部の都市で先行し，次の段階で残りの都市に展開する）を反映して，百貨店の変化においても都市間格差があるのだろうか。

　百貨店を含む流通業，とりわけ小売業については，世界的に豊富な研究蓄積があるが（Howard, 2015; 藤岡，2006；末田，2010 等），中国についての研究に限れば，とりわけ目立つのは百貨店の最近の動向に関するものであり，その多くは百貨店が直面する課題を分析している（王，2015；朱，2016 等）。また，百貨店経営の1つの側面を経営的な視点から分析したものが多く，例えば，聯営という売場運営形態（李飛，2010 等；本書第5章で詳述）や，ストアイメージ（島永，2012 等）などが論じられている。さらに，外資系流通企業の中国への大量進店に伴い，外資系の進出戦略に関する研究もなされている（周藤，2012 等）。また最近では，百貨店の成長の鈍化に伴い，百貨店の衰退

の要因（呉，2000 等）や百貨店業態の機能転換（王，2015 等）に関する研究も現れている。

　このように既存の研究は多岐にわたるが，そのほとんどは現状分析である。他方，計画経済期については第 1 章で確認したので，本章では，過去 30 年の間に百貨店業態が辿った変化の把握を試みたい。

　歴史的な変化を捉えようとする際に即座に問題となるのは，中国における大きな地域間・都市間格差である。百貨店の発展史においてこの要素がどれだけ重要であったのかは本章で解明すべき課題であるが，どのようなテーマであっても，現代中国を理解する上では，これらの地理的・空間的要素を意識的に検討することが必要である。

　本章では，地理的・空間的格差を都市単位で考察する。「沿海部と内陸部」，「南と北」，「東と西」等，中国全土を区分する地域単位を用いる分析もあるが，本章ではそうした視点を取らず，都市を類型化の単位として，百貨店業態の発展と関わる経済発展の水準を手掛かりに，各類型につき 1 つの都市を事例として取り上げて分析を行う。地域類型の有無を検証したり，本章が取り上げる事例が各都市規模の中でどれだけ「代表的」ないし「平均的」であるのかを確認したりするためには，別途，十分な標本数をとった研究が必要となるだろう。しかし本章では分析の範囲をそこまで広げず，百貨店の変容の過程で焦点となった要素を描き出し，かつ，それを都市類型に即して位置づけ，それによって理論や一般化の試みに分析の素材を提供する。その意味で，本章は，「叙述的（illustrative）」で「問題発見的」な歴史研究を目指したものである。

　本章では，都市を「特大都市」，「地方中核都市」，「地方中小都市」に類型化し，各類型に属する事例として，前述した上海市，済南市，淄博市をとりあげる。都市の類型化の方法は無数にあるが，本章の目的のためには，百貨店や小売業の存立の前提である市場・人口規模とともに，経済的な発展水準や潜在的な発展可能性を考慮する必要がある。こうした目的に合致したデータとそれに基づく分類としては，中国の有力ビジネス誌『第一財経週刊』のものが挙げられ[118]，そこでは各都市を「特大都市」，「地方中核都市」，「地方中小都市」に分類している。「特大都市」は，「一線都市」と「新一線都市」

（多数の指標による発展水準に関する分類概念。「二線都市」も同様）の一部に属する経済発展水準と商業的な魅力が高い都市を指す。「地方中核都市」は，地方都市の中でも経済的に先進的な都市である。一部の新一線都市と，二線都市の中の上位都市がこれに含まれ，その多くは，済南市のような省都都市（省行政の中心）である。「地方中小都市」は，それ以外の，経済的には後進的な多くの地方都市である。

　3 都市を事例としてとりあげる理由は以下である。上海市は流通業においては中国でも外資の参入が早かった都市であり，中国の流通業の近代化を先導する役割を担った。済南市は，中国の東西・南北の交通軸が交わる要衝としての長い歴史を持ち，改革開放が始まった時点ですでに，他の多くの同規模都市に比して商業が発達していた。よって，改革開放の初期からの長い時間軸をとって百貨店の動態を分析する上では，恰好の事例といえる。淄博市は，重工業が盛んな都市であり，金属素材・化学産業等の発展によって可処分所得が大幅に上昇した都市であり，重要な地方消費市場として注目されている。また市内には大型物流センターが立地しており，重要な物流拠点となっている。いずれも，それぞれの都市規模においては流通業が盛んな都市であり，都市規模間の比較をする上では適当な事例といえるだろう。

---

118)　『第一財経週刊』は，第一財経グループが所有する上海ラジオテレビ局傘下のビジネス誌であり，中国では影響力がもっとも大きい。同誌が毎年公表する都市分類は，中国の公式の行政区画分類，都市部常住人口数分類と並び，商業の研究では頻用される評価の高い分類である。この分類では，都市の商業的な魅力や経済の成長ポテンシャルを評価するために，住民の収入，大企業数，各ブランドの進出状況，都市住民のライフスタイルと消費行動等を基準に，都市を分類する。2017 年の分類は，e コマース等のデータも基準に加えており，338 の都市を，「一線都市」「新一線都市」「二線都市」「三線都市」「四線都市」「五線都市」に分けている。「一線都市」は北京，上海，広州，深圳であり，経済発展水準と商業的な魅力が最も高い都市である。「新一線都市」は，成都，杭州，武漢，天津，南京，重慶，西安，長沙，青島，瀋陽，大連，厦門，蘇州，寧波，無錫であり，経済発展水準と商業的な魅力は一線都市より劣っているが，「二線都市」より高い。「二線都市」は，福州，合肥，鄭州，ハルビン，佛山，済南，東莞などの 30 都市である。「三線都市」は「二線」より劣り，蘭州，桂州，三亜，中山，淄博などの 70 都市である。「四線都市」は 90 都市あり，「五線都市」は 129 都市である。

この３都市に焦点を絞りつつ，本章では経営主体の構成に着目し，都市間の違いを浮き彫りにする。以下３つのグループの関係が焦点となるだろう。(1) 各都市圏で生まれた「地元系」百貨店，(2) 他の地域を本拠としつつ，分析対象とした都市に進出した「域外系」百貨店，(3)「外資系」百貨店（ここでは台湾系・香港系も含む）。1980年代までは，ここでとりあげる３都市のいずれにおいても，存在したのは地元系百貨店のみであった。1990年代に入り，上海市では，外資系企業の参入がみられた。2000年代に入ると，外資系が地方都市にも進出し，また多店舗化が進んで地域を越えた出店が行われ，域外系が３都市のすべてにおいてみられるようになった。しかし2009年以降，百貨店業態は縮小あるいは衰退局面に入り，短期間で撤退する事例も多発し，地元系の比率が高まるという逆転現象も生じた。

本章では，都市統計年鑑（官公庁統計），都市年鑑（地方官公庁刊行物で統計以外の概況・歴史紹介も含む），未公開企業史料，社内誌，地方紙を用い，以下の構成とする。第１節では上海市，済南市，淄博市の基本状況を確認する。第２節では上海市を，第３節では済南市を，第４節では淄博市を対象に，それぞれの百貨店業態の動態について検討する。第５節では，３都市の検討から浮き彫りとなった百貨店業態の成長パターンや，発展水準を異にする各都市で百貨店業態の変容と革新がどのように相違したかを示す。

1. 上海市，済南市，淄博市の概況と業態変容・革新の背景

本節では，上海市，済南市，淄博市の都市概況，1978年以前の百貨店の状況，1980-1990年代に３都市の百貨店業態の変容と関わる制度・政策の背景を整理する。

まずは，上海市，済南市，淄博市の都市概況と，1978年以前の百貨店の状況を確認しておこう。上海市の人口は，2424万人（2018年），東京都の常住人口数の1.8倍である。面積は東京都の2.9倍である[119]。上海市では，百貨店は民国期に登場しており，いわゆる上海灘（しゃんはいたん）が消費文化の象徴となってい

---

119) 東京都総務局統計部調整課編（2019）『東京都統計年鑑』http://www.toukei.metro.tokyo.jp/tnenkan/tn-index.html（2020年2月9日アクセス）。

た（李，2012，1，7）。計画経済期には百貨店は第1章で見たように段階的に経営の自由を失い，配給機関の1つにすぎなくなった。百貨店は上海でも恒常的に商品不足となったが（楊，2009，30-33），それでも地方都市の百貨店に比べると，商品の種類が豊富であった。

　済南市は常住人口746万人（2018年），面積は兵庫県にほぼ等しく，日本の標準的な都市自治体よりも市域が広い[120]。交通の要衝であり，全国的な鉄道・高速道路のネットワークの結節点であるほか，環渤海経済圏と京滬経済軸の重要な連結点である。市内には重工業や軽工業の企業が多数立地している。済南市でも百貨店の登場は早く，民国期に遡る（苗・管，2009，43-49）。計画経済期には同市は省都都市として省内における配給において中心地となり，周辺地方都市の市民の多くは，済南市で耐久消費財を購入していた（済南市档案局，2005，123）。

　淄博市は，山東省中部に位置する地方都市である。しかし2018年の常住人口は470万人であり，日本での「地方中小都市」のイメージからすると人口規模ははるかに大きい。面積は三重県とほぼ等しく，市域には農村的な地

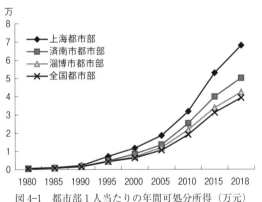

図4-1　都市部1人当たりの年間可処分所得（万元）
出所：『中国統計年鑑』，『上海統計年鑑』，『済南統計年鑑』，『淄博統計年鑑』により筆者が作成。

120)　総務省統計局編（2019）「第1章　国土・気象」「第2章　人口・世代」『日本統計年鑑』　http://www.stat.go.jp/data/nenkan/back64/index.htm（2020年2月9日アクセス）。

域が含まれるが，それでも中心的な都心部の人口は，325万人である。1949年に独立の行政区画となったが，その後，重工業都市に発展し，また山東省の交通では重要な中枢都市である（淄博市地方史誌弁公室，1987，317-318）。計画経済期に小売を扱っていたのは，主に国営商店（第1章で詳述）であった。

　3都市を比較すると，都市の規模の大きさの順に可処分所得額が並ぶ。また図4-1からは，1990年代以降，いずれの都市でも可処分所得が急速に増加していることが読み取れる。

2. 上海市における百貨店

　上海市の百貨店の歴史は，開港後の西洋資本の進出に遡る。清末に西洋資本が進出し，また1910-30年代には日本資本や中国資本の百貨店も登場した（菊池，2012，277-279）。しかし第1章でみたように，既存の百貨店は新中国の成立前後に大半が閉店した。計画経済期の国営百貨店では，それ以前の近代化の要素の大半が失われた。よって1978年以降の変容過程は，数十年の中断の後の近代化の軌道への回帰，また同時に，高級品販売・高いサービス水準とそれによる高い粗利を前提にした百貨店業態への回帰とみなしうる。

(1) 市場化：国営百貨店の変容　1980年代-1990年代初

　外資系百貨店が再び上海市に姿を現すのは1992年であり，それに先立つ1980年代は，国営百貨店によって市場化が進められた時期である。前述したように，この時期には上海市の百貨店も国家所有であり，経営の自主権も限られた。しかし1980年代半ばからは，「経営請負責任制」（請負制，第2章参照）によって百貨店の自主性は拡大し，店員のインセンティブも高まった。上海市では，「経営請負責任制」は，店舗の各部門を単位とする形で実施された。各商品区分を担当する部長が社内公募により選出され，選出された部長が，副部長，仕入れ担当者，販売員を指名し，各部が仕事の成果に応じてボーナスを分配した。部長，副部長，仕入れ担当者が，従来の管理者層からでなく，現場の一般販売店員から選ばれた（杜・朱・王，1985，68-69）。これは，後述の仕入れの革新に寄与し，品揃えを充実させた。このように，

1980年代から1990年代初頭まで，これらの百貨店は仕入れの革新，ショッピング環境の整備，輸入商品の導入により，品揃えを充実させた。

①仕入れの革新

計画経済期には，商品は市商業局の配給計画に基づいて割り当てられており，第1章でみた北京市百貨大楼などの少数の例外を除き，百貨店側が主体となる「仕入れ」という概念は存在しなかった。上海市の百貨店では供給される商品は大半が上海製で，行政区画を越えた商品流通は極めて貧弱であった。百貨店には商品企画の機能も権限もなく，品揃えは著しく限られた。

1980年代前半，流通ルートの多様化が進み，一部の商品について百貨店による独自調達が認められた。配給の割り当てで不利な立場にあった百貨店が，これを機に市外からの仕入れを始めた。1つの例として，「婦女用品百貨商店」が温州から仕入れたスカートが挙げられる。スカートの事例は，売場の店員の気づきが新しい調達の糸口になったという点で興味深い。温州を訪問した店員が，暗色で無地のスカートばかりの上海市では見ることのない花柄・多色使いのプリーツスカートに目を惹かれ，これが契機となって製造元である温州の工場へ発注がなされ，人気商品となったのである[121]。

また，特定の工場との業務提携による生産委託も始まった。「婦女用品百貨商店」による結婚式用品の生産委託はその一例である。ワンストップショッピングですべての結婚式用品を入手できるようにし，話題となった[122]。また後述の済南市や淄博市に比べると重要性は低いが，上海市でも，「聯合会」を利用した共同仕入れの例がある。「上海市第三百貨商店」が，「全国十五家百貨商店経済聯合会」に参加し，共同仕入れにより品揃えを増やしたのである（楊，1984，44-47）。ただしこれは，上海市では例外的な事例であった。

こうして，品揃えが以前よりも拡大し，新商品も導入された。この時期は依然として物不足が著しかったが，それでも，多様性を求める消費者のニーズが存在していた。そのため新商品はすぐに顧客の目を引きつけ，消費者が争ってこれを購入したことが報じられている。

121）「一条『轟動上海灘』的印花百褶裙」『新聞晨報』，2015年3月8日。
122）　同上。

②ショッピング環境の整備

1980 年代後半には，増改築や増床，店舗の改装，店内設備の更新などにより，ショッピング環境の整備が進められた。「上海市第十百貨商店」（以下，「第十百貨」）は上海市で最初にこうした改装を行った百貨店であり，1987 年，エスカレーターとエアコンを導入し，ショーウィンドウも交換した。増床・改装を終えた翌年，「華聯商厦」（以下，「華聯」）と改称し，「服飾なら華聯」という宣伝文句を掲げ，品揃えの拡大を進めた。服飾部門の豊富な品揃えで，全国的な知名度も向上した[123]。

③輸入商品の導入

1980 年代末以降に進んだ輸入商品の取扱いも，品揃えの拡大に寄与した。改革開放以前は消費財の輸入は極めて例外的であったが，それ以降これが変化しはじめた。輸入品の導入は，百貨店では請負制の下，売場の店員が主導する形で進んだ。

輸入の拡大は，売場の変化をもたらした。1990 年代初頭に，第十百貨が行った輸入化粧品販売売場の大幅な拡張は，その事例である。それまではその売場は「平場」（ブランドを区別することなく，商品を均一に陳列した売場。藤岡，2016，95）であったが，多様なブランドの多数の輸入化粧品を陳列するために，この時期から「箱売場」（商品ブランドごとの売場，前述）を設けるようになった[124]。これは，品揃えの拡大と輸入品販売の増加が，同時に売場革新の起点となったことを示す。

このように，外資系企業が進出する時点で，すでに地元百貨店は，経営管理の基本的な仕組みや雇用・報酬制度を改め，品揃えを拡大していた。それにより，百貨店は従来の配給機関から，徐々に自主性を持つようになり，幅広い品揃えで消費者ニーズの多様化に部分的には応える場所となった。しかしながら，品揃えの深さは依然として限られており，商品在庫の不足による品切れもしばしばであった。

---

123) 「上海永安百貨将満百年，老百貨人追憶百貨業往事」『新聞晨報』，2015 年 9 月 20 日。

124) 同上。

(2)「百貨店」への回帰：合理化と高級化（1993-2009 年）

　1992 年，上海市に人民共和国になって初の外資系百貨店が進出し，その
後の百貨店業態の革新をリードしていった。

①外資系の進出と地元国営系の再編

　外資系企業は，(1) 香港系，(2) 台湾系，(3) その他外資系に分けられる
が，1992 年から 1995 年の期間に，これらが単独で，あるいは合弁により，
一斉に上海市に進出した。主要なものを挙げると，1993 年の伊勢丹（日本），
「東方商厦」（香港），1994 年の「百盛」（マレーシア），「太平洋百貨」（台湾），
1995 年の「巴黎春天」（プランタン，フランス）などである。

　これら外資系の進出により，上海では百貨店業態のストアイメージが変化
した。また，外資系の進出は，売場の革新やマーケティング活動にも影響を
与えた。第一に，外資系により，多数の海外ブランドが中国市場に導入され，
高額商品の品揃えが拡大したとともに，外資系が導入した開架式陳列，「箱
売場」も地元企業の売場に影響を及ぼした。これにより百貨店は生活必需品
を販売する場所から，高級ブランド商品も提供する場所に変わり，はじめて
高級感をストアイメージとするようになった。たとえば「第一八佰伴新世紀
商厦」（地元百貨店と日本のヤオハンの間の提携で新たに開業した店舗）は旧来
の閉架式陳列ではなく，開架式陳列を導入し，日本，香港等のブランドを取
り扱った（『上海年鑑』編纂委員会，1996, 191）。

　第二に，外資系のマーケティング活動が地元百貨店に模倣された。「太平
洋百貨」など台湾系企業の販促手法はその一例である。そこでは一定額以上
の購入に購入額の 1 割分のクーポンを配布したが，これは，台湾と上海の百
貨店が共に採用する「聯営」という売場運営形態に適した販促方式であった。
第 5 章で詳しく説明するが，聯営では百貨店は仕入れ・販売等の一部の役割
をサプライヤーに渡し，各ブランドが独立経営を行う[125]。そのため百貨店全
体のイメージが弱くなる怖れもあるが，全店共通のクーポン配布は，この問
題への有効な対策であった[126]。

　外資系の進出に対抗する形で，1995 年以降，地元百貨店相互の合併が進
んだ。外資系の進出は，同時期に進んだスーパーなど各種のチェーンストア
の急増をもたらしたとともに，地元百貨店に大きな衝撃を与えた。そうした

中で，地元百貨店同士で，あるいは前出したように外資と連携して，これへの対抗がはかられたのである。

　地元百貨店同士の提携について述べれば，1995年，それまで国有百貨店の経営主体であった「上海市第一商業局」の傘下にあった百貨店は，卸売など関連部門を統合する形で，それぞれ独立の企業体に再編された。これによって，「上海市第一百貨商店」を核とする「一百集団」，「華聯商厦」を核とする「華聯集団」，「友誼商城」を核とする「友誼集団」などが成立した（『上海年鑑』編纂委員会，1996，184）。これは経営管理の合理化を促し，それによって百貨店間の競争が活発となった。また，一部の商業集団は市の内外で多店舗展開や垂直統合を進め，競争力の向上を図った。外資の参入から6年後の1998年には，百貨店の売上げランキングで国有の「上海市第一百貨商店」と「華聯商厦」がそれぞれ1位と3位となるなど，地元百貨店の再編は実際に一定の成果をあげた（『上海年鑑』編纂委員会，1996，184）。同時に，一部の地元百貨店は経営ノウハウの不足により競争に敗れて閉店や転業をしていった。

②国有系の統合と商業・都市開発政策

　2000年代に入ると，上述の国有百貨店による合併の動きが一段と進んだ。前述の「一百集団」，「華聯集団」等を中心にその他の関連企業も合併して，「百聯集団」が生まれた。「百聯集団」は，百貨店，専門店，スーパー等の各種の業態の店舗を傘下に持ち，また卸売部門をも統合していた。これにより「百聯集団」は，中核事業である百貨店事業でも多店舗展開を行う企業となり，同時に市内外で新しい店舗を開業した（『上海年鑑』編纂委員会，2001，219）。

　2000年代の百貨店の成長は，商業地区開発計画と密接に関わっている。

---

125)　第5章で詳しく分析するが，聯営とは売場運営方式の一種であり，百貨店がリスク回避を前提として，サプライヤーと契約して商品やブランドを導入する。サプライヤーが商品の販売や在庫管理などの日常の運営をするとともに，百貨店はサプライヤーから賃貸料，日常運営のための固定費のほか，売上の一定の割合を控除し，これを粗利益として徴収する（朱，2014，106）。

126)　「一個時代的終結：被植入的台湾百貨模式漸消」『華夏時報』，2013年6月24日。

2004年に定めた政策において, 上海市政府は, 上海を国際貿易の一大セン
ターとすべく, 市内の商業施設の整備を進める政策を定めた。中国全土から
の観光客のみならず, 海外からも旅行者を集める南京東路, 南京西路, 徐家
匯, 豫園商城, 四川北路を対象に開発計画を定めた。各地区を特徴づける明
確な開発コンセプトを定めたうえで, それに合致した建築整備計画を策定し
て, 高級志向の小売店舗を立地させたのである。こうした体系的な都市計画
は, 上海市内の小売機能の多様化を促進し, 地区間の競争の回避を避ける効
果をもった。百貨店は商業地区開発計画の理念に従い, 各商業地域の特色に
応じてブランドを導入し, 内装, 設備を整備した。例えば, 南京東路は上海
市の伝統文化を活かし, 多くの観光客を呼び込んだ。ここに立地する「華
聯」は, 伝統文化を売りにした集客を意図して, その前身である「永安百
貨」の開業時 (1918年) の建築を復元し再発足している (写真4-1) (『上海年
鑑』編纂委員会, 2006, 176)。

　2000年代には, 季節性, 祝祭, ライフイベントを焦点にしたマーチャン
ダイジング (MD) 戦略が新たに登場した。都市文化祭・イベント等もこれ
に加わった。商業地区単位のイベントも多数企画され, 百貨店はこれらに応
じてショーウィンドウ陳列, 販促活動等を行った。こうして, MDが強化さ
れた (『上海年鑑』編纂委員会, 2008, 187)。

　上述のような合併を通じた経営基盤強化の努力にも関わらず, 国有百貨店
の売上高は, 1990年代末以降, 減少が続き, その相対的な地位は大きく低
下した。2006年の店舗別売上高では, 上位10店舗のうち国有百貨店は「上
海市第一百貨商店」(写真4-2) のみとなり, 残りはすべて外資系となった[127]。

(3) 動揺と転換：ライフスタイル化戦略 (2010年代)

　2000年代末から, 百貨店の売上高の伸びは鈍化し, 2012年以降, マイナ
ス成長をたびたび経験した[128]。百貨店の閉店が相次ぐ中で, 一部の百貨店は,
提供する商品やサービスを転換することで生き残りを図った。各地区を特徴

　127)　「上海百貨業景気隣門」『解放日報』, 2007年1月18日。
　128)　「百貨商場転型購物中心成趨勢　太平洋百貨両年後或撤離淮海路」『上海商報』,
　　　　2015年3月4日。

写真 4-2　南京東路に立地する上海市第一百
貨商店（筆者撮影，2019 年 7 月）

写真 4-1　永安百貨（筆者撮影，2019 年 7 月）

づける明確な開発コンセプトを定めたうえで，それに合致した建築整備計画
を策定して，高級志向の商売店舗を立地させたのである。

　所得と消費水準が高まったこの時期には，各自の価値観や生活スタイルに
即した購買行動が目立つようになってきた。これに対応するため，一部の百
貨店は，ファッションという軸だけではなく，快適に生活するために必要な
住まいや食事について提案することを目指した。例えば「東方商厦」淮海路
店は店舗を全面改装し，無印良品などの「ライフスタイル提案型ショップ」
を揃えた「淮海 755」として 2016 年に新装開店し，来客数の増加に結びつ
けた[129]。

3.　済南市における百貨店

　済南市でも，百貨店の歴史は 1930 年代に遡る。この最初期を代表する百
貨店は「大観園」であったが，これは計画経済期に国営化された。これとは
別に，計画経済期には，国営百貨店として新規に「済南第一百貨商店」，「済

---

129)　「東方商厦淮海店閉門修煉，改売生活方式」『新聞晨報』，2015 年 6 月 12 日。「這
　　家上海老牌百貨店重装後新客流増長 40 ％」　http://www.linkshop.com.cn/web/
　　archives/2016/349985.shtml?from=home_top（2016 年 6 月 24 日アクセス）。

南第二百貨商店」,「済南市人民商場」
(写真 4-3),「済南百貨大楼」が設けら
れた。上海市と同様に,計画経済期に
はこれらの百貨店は配給機関にすぎず,
商品不足が著しかった。新商品の開発
の事例は 1970 年代後半からみられる
が,ごく限定的であって[130],本格的な
変化は改革開放後となる。

(1)　市場化：国営企業の変容 (1978 −1993 年)

　済南市でも,品揃え不足・在庫不足
の原因は,生産部門の遅れ,百貨店の
経営の自主権の欠如,ショッピング環
境の不備であった。上海市の場合と同

写真 4-3　1992 年の済南市人民商場にお
　　　　　ける平売場
（上：閉架式陳列,下：開架式陳列）
出所：『済南統計年鑑』1993 年,13 頁。

じく,1988 年になされた「経営請負責任制」の実施や（済南市史誌弁公室,
1989,199）,1991 年の「四開放」の改革により,百貨店は経営自主性を獲得
しこれらの問題解決に取り組んでゆく。

　1980 年代,百貨店は一般大衆向けの幅広い生活必需品を提供し,「なんで
も買える」場所であった[131]。食品・衣服等に加え,季節用品をも一度に購入
する稀な機会としては春節が重要であったが,そうした際の買い物の場とし
て,百貨店は重要な役割を果たした。

　とはいえ,家電製品等の当時の売れ筋商品では,在庫不足が慢性化してい
た。品目ごとに 1 種類の商品のみしか販売されていないことも多く,品揃え
の狭さが目立った。カラーテレビはそうした商品の代表であり,予約による
販売がなされ,実際に入手できるまで 1 ヶ月以上かかるのが普通であった[132]。

---

130)　「淡出生活的済南老百貨」『都市女報』,2013 年 3 月 25 日。
131)　宋立鵬 (2014)「逛人民商場找楽呵　済南地標它算一個」『城・事』大衆報業集団
　　http://jinan.dzwww.com/jnws/201412/t20141227_11630424.htm（2016 年 11 月 3 日
　　アクセス）;「八旬大観園　商場老字輩」『斉魯晩報』,2014 年 3 月 26 日。

写真 4-4　洗練された照明やカウンターを導入した「済南百貨大楼」
出所：『済南統計年鑑』1996 年, 12 頁。

　品揃えの拡大や品切れの克服は，上海市と同じく，経営自主権の獲得とと
もに進められた。済南市の場合には，「聯合会」への加入や百貨店独自の博
覧会の開催も，重要な役割を果たした。「聯合会」の事例を挙げると，「済南
百貨大楼」は 1981 年に，「上海市第三百貨商店」と同じ「全国十五家百貨商
店経済聯合会」に参加し，共同仕入れを行った。また 1980 年と翌 81 年には，
「済南百貨大楼」は店内で 8 回の商品博覧会を開催している。幅広い企業に
出展を呼びかけ，展示された商品を，その評判によってその後品揃えに加え
た。これは集客力の強化や，製造企業の商品開発の促進に寄与した[133]。上海
でも店舗内の商品を共同出品しての「聯合特売会」が開催され，売上の拡大
には貢献していたものの，製造業者を引き寄せて，品揃えを拡大する効果は
限られていたようである。
　ショッピング環境の整備も，上海市と同様，品揃えの改善や集客力の拡大
につながる取り組みであった。例えば「済南百貨大楼」は店舗面積を倍以上
（1 万 1750m² へ）に拡張し，洗練された照明やカウンターを導入した（写真 4
-4 参照）（済南市史誌弁公室，1989，198-202）。エスカレーター，カフェ，ト
リックミラーは大きな話題となり，来店客増につながった[134]。

132)　「家電維修部職工回憶往昔繁華：30 年前商場搞促銷櫃台被搶空」『斉魯晩報』,
　　　2015 年 5 月 17 日。
133)　済南百貨大楼企業誌編写組（1984）「済南市百貨大楼企業誌」（企業内部資料），
　　　59-63 頁。
134)　「淡出生活的済南老百貨」『都市女報』，2013 年 3 月 25 日。

　1990 年代初になると，品揃えが広くなった。例えば「大観園」は，1990年の改装時に，国産品でも従来の商品と違うブランドや，少数とはいえ外国ブランド品を扱うようになった[135]。

　上海市の場合と同様，1980 年代の変化の結果，百貨店は配給機関から，幅広い品揃えで消費者ニーズの多様化に応える場所に転じた。しかし，百貨店の品揃えはなお豊富とはいえなかった[136]。

(2) 百貨店化：ストアイメージの定着と経営合理化 (1994-2000 年代末)

　1994 年から 1997 年にかけて，既存の国有百貨店に加えて，私営の「済南華聯商厦」（以下，「済南華聯」），国有の「銀座商城」（以下，「銀座」），「貴和購物中心」（以下，「貴和」）が登場した。「済南華聯商厦」の前身は，1981 年に設立された国営の中規模百貨店「西市商場」である。国有企業を株式会社へと転換するという国の改革方針を受けて，1994 年，「西市商場」は再編され株式会社となり，「済南華聯」として再発足した。こうして，同社は国営企業ではなくなったが，商業部（中央政府）が設立した「全国華聯商厦集団」（会員に法律・政策支援を提供し，ブランドを共有する企業連合体）に参加した。この企業連合は百貨店市場の中では一定のシェアを持ち，連合体に加盟することで規模の経済を実現しまた国からの支援も受けたが，済南華聯の経営は自律的に行われた。

　国有企業の株式会社化と同時に，国有百貨店が新設されていることも注目に値する。1996 年に開業した「銀座」はその例である。省内の商業企業を管理していた山東省商業庁は，この時期に組織再編を行い，その機能と資産の一部を，新たに設けた「山東省商業集団有限公司」に移した。この国有企業が設けたのが「銀座商城股份有限公司」（以下は「銀座商城公司」）であり，その後の多店舗展開により，後に省内有数の百貨店企業となった。それに対して，「貴和」は，エネルギー部門という関連の薄い他部門の国有企業（「山東省魯能集団」）が事業多角化を進める中で，1997 年に設立された国有百貨店である。

---

135)　「八旬大観園　商場老字輩」『斉魯晩報』，2014 年 3 月 26 日。
136)　「淡出生活的済南老百貨」『都市女報』，2013 年 3 月 25 日。

　国有百貨店の私営百貨店への転換，国有百貨店の新設などの事例は，上海市ではみられない。上海市の場合には，1990年代前半に外資系百貨店が次々と進出しており，市政府は，地元の国有百貨店の私営企業への転換と国有百貨店の新設よりも，既存の国有百貨店を国有のまま維持して外資系に対抗させることを優先したと考えられる。また上海市の一部の国有百貨店が外資系企業と提携して経営革新を進めたことも，あえて私営企業へ転換する理由を弱めたと推測できる。これに対して済南市では，2005年に伊勢丹が進出するまで外資系企業は存在せず，済南政府は国有百貨店の株式会社化と新しい百貨店の設立によって計画経済体制の転換を図ったとみることができるだろう。これらの新興百貨店は，今日では済南市で小売業でのトップ企業となっている。済南市の国有商業の改革は期待した成果をあげたと評価できよう。

　このように，新たに登場した国有の百貨店は，既存の行政組織・国有企業の再編の結果生まれたものであり，計画経済期の百貨店とは連続性を持たず，最初から経営の自主性を持つ形で発足している。これらの新設の国有百貨店は，外資系百貨店の不在の下では，既存の国有百貨店に対する数少ない競争相手となった。

①私営百貨店

　私営百貨店は，国有百貨店に比して，この時期には経営資源の面で不利であった。金融市場と関連の制度は未整備であり，資金調達も容易でなく，国有財産を前提に出発し政策支援も期待しうる国有百貨店に比し，店舗立地等，いろいろな面で不利な立場にあった。こうした中で競争力を持ち得た私営企業は，個性的な企業家に率いられ，意志決定の自由さを競争優位につなげることで成長した企業であった。

　私営百貨店が果たした役割は，済南市では，上述の上海市の場合よりも大きかった。計画経済からの移行や近代化を，公有制企業を中心した体制から非公有制企業を中心とする体制への移行とみるならば，その先頭にあった上海市で非公有制企業が中心となり，改革が遅れた「地方中核都市」で国有企業が大きな役割を演じたと考えがちである。しかし事態はむしろ逆であった。済南市の場合には，国有企業改革が遅れたからこそ，民間から企業家が登場して既存の国有企業とは別個に民営企業の創業者・経営者となり，また他方

で，既存の国有企業の幹部が私営企業への転換を主導した。その結果，済南市では私営百貨店が重要な役割を演じたのである。

　具体例をみてみよう。「済南華聯」は，国有企業の私営企業への転換で成立した。この動きを率いたのは，董事長となる李茂年である。彼はもともと，前身の国営企業の総経理であった。株式会社への転換の中で，李は国営企業時代の経営能力が認められ，株式会社への転換を主導し董事長となった。同社の社内紙は，他社に比して同社が自社の企業文化の構築を意識的に進めたことや，商品偽装問題が多発した時代に企業イメージの宣伝を強化したことを強調している[137]。その妥当性は脇に置くとしても，企業イメージを前面に出した経営は，同社の私営企業としての性格をよく示すものといえよう。なお，次にあげる国有百貨店と違い，「済南華聯」は高級品中心の品揃えではなかった。

②新興国有百貨店の高級志向

　上述のように1996-97年に新しい国有百貨店として相次いで開業した「銀座」や「貴和」は，高級志向を持ち，良質なサービスの提供を目指した。両店は80％以上の商品を開架式で販売し，また多数の高級ブランドを導入した。済南市で初めて本格的に「箱売場」を採用したのも，この両百貨店であった（済南市史誌弁公室，1997，169）。

　この2つの国有百貨店も私営の「済南華聯」も，1990年代半ばに登場したという点では新興百貨店といえる。「済南華聯」の登場で，百貨店は日常生活の維持のための買い物の場から，消費者の多様な選好に応える場所へと転換した。国有系が高級商品の提供を重視したことで，高級化競争の道も開かれた。こうして，上海市では外資系百貨店が担った役割を，済南市では国有・私営の新興企業が演じたのである。

③旧来型百貨店

　新興百貨店の挑戦を受けた既存の企業は，「済南市人民商場」「大観園」の2つを除き，1997年から2004年までの期間に閉店や再編で姿を消した[138]。

---

137)　改革開放初期には，流通制度は未整備で政策も不十分であり，市場秩序は未発達であった。一部の生産者と流通者はこれに乗じて偽製品の生産と販売を行った（済南華聯商厦集団股份有限公司，2015）。

これを免れた2つの百貨店は，多業態展開や，新規性のある販促活動などで
生き残りを図った。例えば，「済南市人民商場」は台湾企業と提携し，スー
パー業態に進出した。また，同社は季節，祝祭日など，非日常性を生かした
販促活動を行った。正月に合わせた買い物シーズンに先駆けて，毎年，9月
から11月に実施した「感謝祭」（セール）はその事例である（済南市史誌弁
公室，2000，170）。他の百貨店もこれに追随し，この「感謝祭」は，他都市
に見られない済南市民の秋の風物詩となった[139]。

④統合による経営の効率化と外資系の進出

　2000年代に入ると，新興業態の成長とチェーンストアの増加が顕著になり，
また日系の伊勢丹百貨店が，外資系として初めて済南市に進出した。これら
に対抗するため，上述の新興百貨店は，百貨店事業で急速に多店舗展開を進
め，また他の業態に進出することで大規模化を進めた。この動きをリードし
た「銀座商城公司」の場合には，2009年までに済南市で13店，山東省の他
都市で47店，他省で3店を開業し，店舗数と売上高で山東省最大の百貨店
企業となった。このような拡張により，同社の年間販売額は，2011年時点で，
百貨店を傘下に持つ企業としては多店舗展開の百貨店ランキングで全国4
位[140]となっている。

　上海市との比較という観点では，済南市初の外資系百貨店として2005年
に進出した伊勢丹がわずか2年で撤退に追い込まれたことは，言及に値する
だろう。伊勢丹は日本的なサービスを謳い，日本のブランドを含む済南では
初登場のブランドを多数導入し，既存の百貨店よりも高価格帯の品揃えで差
別化しつつ進出した[141]。しかし売上は伸びなかった。当時の中国と日本での
報道では，いずれも，店舗面積よりも中心市街への立地を優先した判断が期
待どおりの効果を生まず，また日本式サービスや高額商品を軸とする品揃え
は地元の消費文化や所得水準と適合しなかったとの分析が目立つ[142]。

138)　「山東済南百貨大楼股份有限公司2002年事業報告書」山東済南百貨大楼股份有限
　　公司，2003年3月6日。

139)　「振華集団・人民商場　感恩節即将啓幕」『山東商報』，2013年10月17日。

140)　2010年の「山東銀座」の年間販売額は306億元である。

141)　「伊勢丹成了特売場？　当心砸了伊勢丹牌子」『斉魯晩報』，2007年8月30日。

(3) 動揺と転換：提携とショッピングモール化（2010 年代）

　2010 年代に入ると，上海市と同じく済南市でも，百貨店の成長は鈍化し 2013 年以降はマイナス成長に転じた（済南市統計局，2013，330；2014，270）。こうした中で各企業は，提携の模索，多店舗化のいっそうの推進，一部店舗のショッピングモールへの転換などを進め，あるいは百貨店事業を売却して撤退していった[143]。提携の事例は「大観園」に見ることができ，これは 2009 年に吉林省を基盤とする百貨店企業「長春欧亜集団」と提携し，改築と新ブランドの導入を進めた。また，「銀座商城公司」では，旗艦店であった「銀座商城」を増築し，高級ブランドと飲食施設を充実しつつも，ショッピングモールへと転換した[144]。

4.　淄博市における百貨店

　淄博市は 1949 年から 1 つの行政区画として発足し，1950 年代の編入により，現在は 5 つの区と 3 つの県から構成されている。計画経済期には，国営商店（第 1 章で詳述）の他に，各商業局が市民の日常生活用品を配給するために設けた中小規模の百貨店が存在した（淄博市地方史誌弁公室，1987，317-318）。

(1) 市場化：国有百貨店の変容（1990 年代半ばまで）

　淄博市には，1985 年に初めて大規模な国有百貨店が登場した。また 1990 年代前半になると，計画経済期の供銷合作社（第 1 章参照。市商業局の一部門を構成する政府組織）の改革により，その他にも国有百貨店が生まれた。第 2 章で触れた商業組織や企業制度の全国的な改革の下で，これらの百貨店も，経営の自立性を獲得し，仕入れ，品揃え，売場，企業イメージ，サービスの

142)　「商場冷冷清清，伊勢丹在済南水土不服」『済南時報』2006 年 1 月 19 日；「伊勢丹：中国市場 15 年啓示」『中国服飾報』，2008 年 8 月 22 日；「中国・済南の店，伊勢丹が閉鎖，来年度中に」『日経 MJ（流通新聞）』，2007 年 7 月 30 日。

143)　「済南商界 2009 大変局」『済南時報』，2009 年 12 月 14 日。

144)　「探尋泉城商圏的変遷之路」『生活日報』，2012 年 8 月 24 日。

写真 4-5　1994 年の淄博百貨大楼

出所：『淄博年鑑』1995 年，48 頁。

改善を進めた。

①仕入れの革新

　1985 年に，淄博市で初の大規模百貨店「淄博百貨大楼」が登場した（写真 4-5）。同店は 1 万 5000 種の商品を扱っており，既存の百貨店に比べて品揃えは抜きん出て広かった。しかし生活必需品を除くと在庫不足が目立ち，市民は，出張の際や知人を介して，わざわざ済南や北京，上海等からこうした商品を購入した。地方都市の常として百貨店の調達先は省内に限られていたが，市の規模が小さい分，省域内で調達しうる商品の幅も限定的であった。そのため仕入れの革新はより大きな意味を持ったと考えられる。「淄博百貨大楼」の場合は，これは，「山東省大中型百貨大楼経済聯合会」（以下は「山東省聯合会」）の設立と価格自由化政策を通じて実現された。

　「山東省聯合会」の設立は済南市でもみられた。しかし済南市の百貨店が加盟したのが全国組織であったのに対し，1986 年に「淄博百貨大楼」が加盟したのはずっと地方的な「山東省聯合会」であった。この「山東省聯合会」はそもそも，同店が発起人となって山東省内の「地方中小都市」の百貨店を組織して設けた地方的な組織である。「山東省聯合会」の会員は，共同仕入れ・各自販売，各自仕入れ・共同販売，共同博覧会[145]の開催，共同代

145）　共同博覧会は，省内外の複数のメーカーを連合会が選んで実施する博覧会である。

理販売（会員が共同で特定メーカーの代理店となり販売を行う），仕入れ先の情
報の交換，会員間の在庫相互調達，メーカーへの共同視察・調査を行った。
これを通じて，仕入れ経路の多様化と短縮化，仕入れコストの軽減，共同仕
入れによる価格交渉力の強化，販売リスクの回避と軽減を狙った（淄博市地
方史誌弁公室，1987，318-320）。会員企業は，在庫，仕入れ，販売に関する情
報を必ずしも共有したわけでないことが指摘されているが，「山東省聯合会」
を通じた取り組みが，仕入れ，販売，店舗の経営管理の改善に寄与したこと
は否定し難いだろう。

　1990年代前半，衣料品の価格自由化政策が全国規模で実施されたが，こ
れは，とりわけ淄博市のような「地方中小都市」の百貨店の場合には，品揃
えの拡大や売場の革新の点でより大きな意味を持った。というのも，より規
模の大きな都市では，1980年代から1990年代半ばまでに，経営自主権の獲
得と対外開放を先んじて実現したため，仕入れ先が相対的に多様であった。
それに対して，中小都市ではこれが限られ，価格変動による需給の調整はよ
り大きな意味をもったからである。価格自由化によって一般に，百貨店は衣
料品の特質，流行の要素や季節性，販売サイクルの性格，ブランド等に即し
て定価を設定し，あるいは割引販売を行うことができるようになった。価格
設定の自由度が増すと，リスクをとって多種類，多ブランドの衣料品を導入

写真 4-6　閉架式販売と開架式販売を併設した淄博百貨大
　　　　　楼（1993-94年頃の写真）
出所：『淄博年鑑』1995年，48頁。

することや，流行の要素の強い商品を扱うことが可能となり，また省外から
の仕入れの余地も増した。また価格自由化は，品揃えの拡大を介して，間接
的に売場の革新をもたらした。上海市や済南市と同様，淄博市でも，開架式
販売や，「箱売場」が登場したのである（写真4-6）（淄博市地方史誌弁公室，
1992，267）。

②企業への信頼感の回復

　この時期，「地方中小都市」の百貨店にとっての課題は，企業への信頼感
の改善とそのための制度・組織の構築である。改革開放初期には前述のよう
に商品偽装問題（注137参照）が相次いで発生したが，これは特に，改革の
進展が遅かった「地方中小都市」において著しかった。近代的な品質管理手
法が知られておらず，仕入れ担当者が偽造品の仕入れによって私利を図るこ
とさえ頻繁にみられた。そのため，企業規模にかかわらず，消費者の企業や
商品に対する不信感は強かった。

　淄博市の百貨店によるこの問題への対応の事例を挙げてみよう。供銷合作
社の再編でこの間に登場していた「公園商場」は，「後顧の憂い以外は何で
もある」という宣伝コピーを作り，企業イメージの向上を図った。また「百
貨大楼」は，偽造品の販売を防ぐため，仕入れから販売までの各段階の準則
を明文化し，商品の「有効期限」（法規定による消費期限の目安），包装等を検
査する監督チームを設けた（淄博市地方史誌弁公室，1991，263）。

(2)　百貨店化：ストアイメージの転換（1990年代半ば−2000年代末）

　1990年代半ばには，計画経済期の配給拠点と連続性を持たない私営百貨
店が新たに登場し，既存の国有百貨店と競合するに至った。同時に，高級感
を核とする百貨店のストアイメージが定着していった。

①商品力とサービスの向上

　淄博市初の私営百貨店として1995年に登場したのは，「淄博商厦」である。
これは同市の百貨店業態を一変させ，その後今日まで，顧客からの高い信頼
——偽造品がなく品質に問題があれば無償で対応するといった次元での——
を得ている。

　淄博市では，済南市や，またとりわけ上海市に比して，地元の経営者に率

いられた私営百貨店の役割が目立つ。外資系が高いシェアをもち国外から先進的な経営ノウハウを持ち込んだことで地元企業家の役割が限られた上海市や，新たに私営百貨店が登場したといってもその前身が既存の国営百貨店であり，また一時的とはいえ外資の進出もあった済南市の場合と違い，淄博市では，わずかな経営資源しか持たない企業（「淄博商厦」）が，経営者の大胆な企業家活動によって同市で最大の百貨店にまで成長を遂げるという現象がみられた。

　この「淄博商厦」を率いたのは，供銷合作社の管理職，「公園商場」（供銷合作社の改革で設立された百貨店）の副経理，「淄博市第一百貨商店」の副経理を経て，「淄博商厦」の副経理となった王亮方であった。開業（1993 年）直前の経緯は，この「経営者」の二面的な性格とともに，私営企業への転換が孕んだ問題点をも示唆している。この百貨店の開業では，資金調達が難航し，8000 万元の仕入れ予定額に対して政府から借りることができたのは，わずか 10 万元であった。新設の百貨店であるから信用もなく，後払いでの商品供給に応じる仕入れ先を見つけることも通常は困難である。この状況で，王は手元の 10 万元をむしろ企業広告に投じ，その半ばを山東テレビ局での集中的なテレビ広告に，また残りを全国紙である『経済日報』での広告にあてた。「淄博商厦」はこれにより仕入れ先企業からの認知と信用を獲得し，後払いで仕入れ，開業にこぎつけたのである。ここから，王の経営者・企業家としての主体性や行動力を読み取ることができるが，同時に，市の配給機構での前職に基づく社会関係資本（social capital）も，同市初の私営百貨店の開業の実現に寄与したと観ることもできるかもしれない。いずれにせよ，市当局は，王が経営者として企業イメージの向上に寄与したと評価している[146]。

　開業後も，企業イメージを重視した積極的なマーケティングが行われた。1990 年代に家電製品の不足が一段落すると，家電製品のブランドへの消費者の関心も高まった。中国の家電メーカーの中で真っ先に高いブランドイメージを全国的に構築したのはハイアールであった。ハイアール商品の導入

---

146)　「十年写就商業伝奇――記淄博市優秀共産党員王亮方」『淄博日報』，2005 年 7 月 1 日。

写真4-7　淄博商厦の携帯電話売場とアパレルの箱売場
出所：『淄博年鑑』2008年，58-59頁。

が企業イメージを改善すると考えた王は，ハイアール社を繰り返し訪問し，地方の単一店舗の百貨店には当時は容易ではなかった，ハイアールからの仕入れを実現した（写真4-7）[147]。

②高級化路線

　21世紀に入ると，淄博市にも近傍の済南市から前出の「銀座商城」（国有系）が出店を果たし，同市の大型百貨店は3店舗となった。このうち「銀座商城」は，多くの高級ブランドを導入し，消費者のブランド意識を高めた。これにより，淄博市でも，百貨店は文字通り高級感を核とする小売業態となった。

　私営百貨店の登場，市外からの百貨店の進出に加え，1990年代末から進んだスーパー等の新業態の登場は，古くからの国有百貨店に衝撃を与えた。競争への対応の中で，それらの国有百貨店も，企業イメージの向上やサービスの改善に努めるようになり，上海市や済南市の事例と同じく，売場の改善を進めた（写真4-8）（淄博市地方史誌弁公室，2001，140）。

　この時期のより構造的な動きとしては，淄博市の一部の百貨店企業が進めた多店舗化，垂直統合，事業の多角化の動きが注目される。「淄博商厦」は，この全てに取り組んだ事例である。1990年代末以降，同社は買収や新規の出店によって市の内外で百貨店の多店舗化を進め，スーパーへの対抗を図っ

147）「淄博商厦股份有限公司董事長王亮方」大衆報業集団 http://elec.dzwww.com/zt/heel/cfjb/201101/t20110113_6112557.html（2016年11月8日アクセス）。

写真 4-8　淄博商厦によるサービス向上の宣伝写真（2007 年）
出所：『淄博年鑑』2008 年，58-59 頁。

た。また垂直統合は，農業への参入として具体化した。有機農産物を生産し，自社の百貨店で高付加価値品として販売したほか，外販をも行った。事業の多角化では自動車販売事業と内装材料販売に参入し軌道に乗せている[148]。こうした多店舗化と事業の多角化は，上海市や済南市の百貨店とよく似た動きといえるだろう。

(3) 動揺と転換（2010 年代）

　2010 年代に入ってからの百貨店業態の業績不振は，淄博市も例外ではない。前出の百貨店はいずれも売上・利益を減らし，またその間に参入した後発の百貨店のほとんどは，短期間で撤退を余儀なくされた[149]。こうした中で，一部の百貨店は改装，新ブランドの導入，e コマース事業への進出を進めた[150]。

5.　地方都市企業の能動性を引き出した漸進的体制改革

　本章では，社会的・経済的な発展水準が異なる 3 つの都市を比較しながら，改革開放政策の開始以降の百貨店業界の 40 年近くに及ぶ状況の変化を，歴史的観点で整理してきた（図 4-2 参照）。変化は連続的なものであり，截然と

---

148)　「淄博商厦」のホームページ http://www.zbss.com.cn/gaikuang1.asp（2016 年11 月 2 日アクセス）。

149)　「細数 30 年　淄博商業巨変」『魯中晨報』，2011 年 11 月 10 日。

150)　「網購衝撃零售業　淄博商厦等民営企業紛紛転型」http://www.chinadaily.com.cn/hqgj/jryw/2014-01-26/content_11116853.html（2016 年 11 月 18 日アクセス）。

158

図4-2　百貨店業態の確立・動揺の3つの局面と三都市における課題と担い手
出所：筆者により作成。

　時期区分・段階区分することはできないが，あえて整理するならば，Ⅰ）計
画経済から市場経済への移行が変化の軸をなしていた「市場化」の局面，
Ⅱ）市場経済や競争が前提となる中で，国外で確立していた百貨店という業
態が中国でも確立する局面，Ⅲ）ネットショッピングやショッピングモール
の登場などにより，百貨店の業績が悪化し，確立したばかりの業態が動揺を
みせる時期に分けられるだろう。

　いずれの都市でも，改革開放政策の初期に課題となったのは，品揃えの不
足であり，政府が主導した改革による経営の自主性の拡大によってはじめて，
さまざまな取り組みが可能になった。私有に基づく経営主体の登場，価格メ
カニズムの導入や強化，競争の出現など，市場化が進展する中で，仕入れと
売場の革新・改善が行われ，品質・サービスが向上していった。

　市場化がある程度進んで以降の変化は，「百貨店化」，すなわちかつて有し
た百貨店業態へと回帰する動きとして捉えられる。高額商品の充実，マー
チャンダイジングの強化，経営の効率化等が本格的に行われ，百貨店は日常
生活を満たす場所から消費者選好を満たせる場所へ転換し，さらに高級感を
象徴する業態へ転じていった。こうした変化は，百貨店の経営主体となるア
クターの変化や多様化によってもたらされ，またそうした変化や多様化の原
因ともなった。

　しかし2010年代に入ると，百貨店は，極めて短い停滞期のあと縮小局面
を迎えた。多数の百貨店が閉店・撤退を余儀なくされ，あるいは生き残りの

ために様々な対策を講じたが，それらは，百貨店業態の縮小に繋がる要素を
もっている。

　この一連の過程では，3 都市間の相違点も目立つ。もっとも大きな違いは，
百貨店の経営主体，あるいは変化の担い手の相違である。市場化が焦点と
なった初期の局面でも，都市規模・市場規模の違いのために，百貨店の数や
仕入れ先の地理的範囲がそもそも大きく異なり，そのため，市場化の過程で
表れた課題の克服の方法も力点が異なっていた。都市間のパターンの相違は，
百貨店化の過程でより明らかであり，経営主体の類型の違いが目をひく。

　上海市では，旧来型の国有系企業が再編を経験しつつも生き残り，同時に，
外資系が多数進出して，百貨店業態の高級化，売場の革新，マーケティング
の向上を牽引した。一方，地方都市である済南市と淄博市では，外資系は存
在しないか重要性を持たず，新旧の地元百貨店が百貨店化の担い手となった。

　市場化の先頭を走る上海で地元系が国有系で占められ，地方にあってこれ
を追う立場にあるはずの済南でむしろ私営百貨店が革新を主導したというの
は，本章が明らかにした興味深い逆説といえる。私有・国有双方の新興百貨
店が登場し，個々の経営者がより明確な役割を果たしたという点で，1990
年代半ば以降のこれら地方都市の百貨店の変容は，むしろ上海市より能動的
な印象さえ与える。2 つの地方都市の事例では，新興の私営百貨店は企業イ
メージの確立を重視していたが，企業家の意思決定の自由さが，これを可能
としたようにも思われる。また地方都市に本拠を置く百貨店が，企業イメー
ジや企業文化の確立に成功し，それが地元で受け入れられれば，域外からの
新規参入企業に対しては，競争優位の源泉となった可能性もあるだろう。

　こうした「逆説」とともに興味深いのは，漸進的な改革がむしろ地方都市
の地元企業の能動性を引き出したという事実である。上海市では外資系企業
が地方都市よりもずっと早く進出し，外資系に牽引されて業態の進化と革新
が進み，これに，改革・再編の中で国営から国有へと転換した地元の国有百
貨店が追随して，国有百貨店が重要な役割を占め続けた。ところが地方都市
では外資の進出はみられないかあったとしても遅く，業態の変容を主導した
のは，いずれも地元に基盤を置く国有系と私有系の百貨店企業であった。そ
の結果，市場化・対外開放で先頭を切ったはずの上海では私有・民営の百貨

店がほとんどみられず，他方，これに遅れたはずの地方都市でこれらが業態
の進化と革新を担うという意外な状況が生じたのである。

第5章

流通改革の罠
──アパレル小売と百貨店の変容

　改革開放政策の開始から40年間の流通の変容の中で，百貨店の位置は大きく変化した。その品揃えの主軸であるアパレル（中国語では「服飾」，衣料品，特に既製服のことを指す）の小売においても，これは変わらない。計画経済期には百貨店は衣料品の主要な購買の場であり，百貨店に行かなければこれを入手できない都市も多かった。公共交通も未発達な時代であり，自転車で数時間かけて百貨店に出向いて衣料品を手に入れるといったことも珍しくなかった。改革開放初期の1980年代に入り，所得増や「勤倹節約」からの解放によって衣料品の購買意欲が増した中でも，衣料品を購入する場としては，百貨店という選択しかなかったのである。

　しかし今日の中国ではこの状況は様変わりし，アパレルの小売では百貨店はその地位を失った。買い物の場所や方法の選択肢が劇的に増え，2015年の調査では，52％以上の消費者は，まずはスマートフォン経由で購入できないかを考えると回答している[151]。販売額の統計は，百貨店の地位低下が1990年代末に始まったことを示唆している（夏，2010，22）。統計が得られる最初の年である1998年には，全ての販路を合わせたアパレルの小売総額の中で，百貨店は42％を占め最大であった。1998年以前からそのシェアの低下が始まっていた可能性もあるが，いずれにせよこの割合は1998年以降

151）「上海永安百貨将満百年，老百貨人追憶百貨業往事」『新聞晨報』，2015年9月20日；「関与中国購物者的真相」『糧油市場報』，2014年7月24日。

低下を続け（『中国紡織工業年鑑』編集委員会，2000，15；中国紡織工業聯合会，2004，68），統計が得られる 2011 年には百貨店はすでに首位の座を専門店に明け渡していた。なおその専門店のシェアも，e コマースの割合の増加に直面し，2010 年代を通じて下落が続いた[152]。

アパレルの流通・小売において主要な販路であり，支配的な立場にあった百貨店は，なぜ，どのような過程でその地位を失ったのか。流通部門でも行われた大きな制度改革は，業態の変容にどのような影響を与えたのか。これらの問題を解明するために，本章は百貨店に加えてメーカーと中間流通業者の役割にも着目しつつ，百貨店の取り扱い品目の中で最も重要なアパレルの流通・小売の構造に焦点をあてる。

中国については，百貨店に関する研究とともに（Wang, 2017; Zhao, Bai & Hui, 2002），消費者に焦点をおいた研究もあるが（Faure, 2008; Davis, 2005; Hanser, 2007），中間流通者やアパレル企業については本格的な分析はされてこなかった。そこで本章では，百貨店，アパレル企業，中間流通業者の 3 者のそれぞれと，それらの間の相互の関係に注目し，アパレル品の商品調達・店舗運営における各担い手の立場や主体性の変化を分析する。

分析に際しては，百貨店について，これを (1) 改革開放初期にすでに存在していた国営百貨店（以下は旧来型百貨店），(2) 1990 年代に新たに現れた新興百貨店，(3) 外資系百貨店に分類する。また百貨店に出店しているアパレル企業については，企画，製造，販売等すべての機能を備えているアパレルメーカー（垂直統合型アパレル企業）と，近年現れた製造を第三者に委託するアパレル企業（製造委託型アパレル企業）に分ける。さらに，2000 年代以降のアパレル e コマースの成長の下での状況については，アパレル企業を「オンライン発アパレル企業」と「実店舗発アパレル企業」に分類する。オンライン（e コマース）ビジネスから出発した企業も，また実店舗から出発した企業も，多くはオンラインと実店舗の間の境界を越えて双方の事業を行うに至っており（オムニチャネル化），今日では簡単に見分けがつかない場合もある。

152) 智研諮詢（2017）『2017-2022 年中国零售市場供需予測及投資戦略報告』，http://www.chyxx.com/research/201611/470359.html（2020 年 2 月 14 日アクセス）。

　本章が用いるのは，小売企業とアパレル企業へのインタビュー結果（少数の非構造化インタビュー），企業の事業報告書（年次報告・四半期報告），公的統計年鑑，一般紙・ビジネス紙，ビジネス雑誌の記事であり，定性的分析と歴史的分析を行う。

　本章は以下の構成とする。第1節では，中国におけるアパレル産業とアパレルの中間流通状況を確認する。第2節では，代理商制度と「聯営」のメカニズムを分析し，これらが実際にどのような理由でいわゆる「百貨店アパレル問題」（後述）の原因となったのかを解明する。第3節では，この百貨店アパレル問題を克服するために，アパレル企業がどのように経営戦略を変えていったのかを検討する。第4節では，百貨店の仕入れの変化を分析する。

1.　中国における百貨店とアパレル産業

(1)　改革開放後のアパレル産業

　改革開放初期（1980年代）のアパレル産業は，それに先立つ計画経済の時代につくられた繊維・縫製産業の産業基盤に基づき成長した。1980年代の国内市場では，市場化とともに製品の多様化が進んだ。改革開放初期の消費者は，消費の著しい抑制からの解放を求めて，洋服にデザイン性や個性を求め始めた[153]。他方，この1980年代は，中国において繊維・縫製業が先進国市場向けに急激に拡大した時期であった。中国の製造企業は納入先（委託者）商標による受託製造（OEM）を行い，これにより急速にアパレル企業としての能力形成に成功し成長した。こうした企業の一部は各種の旧国営企業であり，また一部は，改革開放後に新規に参入した民営企業であった。

　1990年代に，これら受託生産企業の一部は，中国の国内市場で自社ブランドの確立を目指し始めた。杉杉（寧波杉杉股份有限公司傘下ブランド）や，洛茲（寧波洛茲集団有限公司によるブランド）がその例である。これらのブランド草創期のアパレル企業は，受託生産で培った組織能力を生かし，生産品質を重視していた。高品質の製品が限られていた当時においてはこれは重要

---

153)　「上海永安百貨将満百年，老百貨人追憶百貨業往事」『新聞晨報』，2015年9月20日。

な差別化の要素であり，そのためブランドの認知度も高かった。この時期のアパレル企業は，例えばスーツならスーツ，ジャケットならジャケットなどと，特定の限られた品目の生産に集中するのが一般的で，ブランドの数も少なく，競争は激しくなかった。しかも，これらのアパレル企業は少品種大量生産型であり，多様で個性的な商品を製造していたわけではなかった（丁，2013，74）。

1990 年代初頭以降，一部の外資系アパレル・ブランドは，中国市場を製造拠点としてのみならず販売市場としても位置付けるようになり，中国にも販路を構築しはじめた。一部の大手企業を除きこれらのほぼすべては，中国企業との合弁の形をとった。しかしこの時期にはなお，中国に進出した外資系ブランドの数は極めて少数であった。

1990 年代末から，中国のアパレル企業では製品品目の多様化が進み，カジュアル化が進んだ。例えば，男性スーツを中心とする企業が，シャツ，タイ，ベルトの生産も取扱うようになった。以前はスーツ・シャツのみで構成された市場は，この時期にはスーツ・シャツとカジュアル・シャツという 2 つのセグメントで構成されるようになり，後者では特にファッション性に多品種の富む製品がつくられるようになった（Jane，2004，182-183）。

2001 年の世界貿易機関（WTO）への中国の加盟に伴い，対外進出と対内進出の障壁が共に低下した。OEM 事業を中心とするアパレル企業にとって国外でのビジネスチャンスが拡大したが，その一部は，国外事業に傾斜するリスクを分散しようと，国内市場向け生産にも注力するようになり，またその中には，独自のブランド導入を目指す企業が現れた（侯，2013，70）。外資による対中進出の障壁が低くなったことによって，中国市場で販売される外資系アパレル・ブランドの数も急増した。これによりアパレル市場の競争は激しくなった。特にファスト・ファッション・ブランド（後述）は中国のファッションブランドに衝撃を与え，中国国内発のファスト・ファッションの登場を促した。

(2) 流通改革とアパレルの中間流通の変化

第 1 章で述べたように，計画経済期には，アパレルの流通は「統購統銷」

（国家による配給，第1章，第2章参照）の原則でなされた。1950年代に進められた公私合営化の後には私営企業による取引量が次第に減って，生産・流通・消費のすべてが政府の厳しい管理下におかれ，流通は配給原則によって行われるようになった。このような体制下ではアパレル企業にはデザインや商品の多様化を重視する動機がなく，販路の開拓，ブランド力の構築などのマーケティング機能も備えていなかった（李・楊，2004，91）。しかし市場経済体制への移行によって統購統銷制度が廃止されると，国営企業が中間流通に参入した。1980年代には卸売市場（公営の大型市場であり多数の零細卸売商が利用した）を中心とする中間流通ルートが登場し，アパレル製品もこれによって売買された。

　代理商制度は，1980年代半ばに対外貿易で登場したものであるが，続く1990年代前半には政府が指導した流通改革の中で百貨店アパレルの中間流通の担い手となった。この制度は，改革開放初期に製造企業が直面した販路開拓の困難を解消するために設けられたものである。しかし1990年代前半にはあまり普及せず，1994年になっても，国内貿易部（国務院に所属する政府機構，注49参照）は代理商制度の普及促進を掲げていた。特に1990年代に品不足が解消して買い手市場となり，さらにアパレル企業が急増して製造企業間の競争が激化すると，販路開拓は製造企業にとって重要な課題となった。とりわけ百貨店業態ではこの時期に百貨店とサプライヤーが共同で売場を運営する「聯営」が一般化していた。アパレル企業は売上を確保しようとするならば百貨店に出店して販売にも関与する必要があったが，自らはその能力や資源を持たず，代わってこれを行う中間業者（代理商）の存在を必要としたのである（劉・曹・杜・許，2016，75）。ただし，百貨店以外のアパレルの流通経路では，依然として卸売市場が重要な役割を果たし，アパレル産業の成長も促した（李・楊，2004，91）。卸売市場の一部はその後大きく成長し，これを中心に周辺地域にアパレル企業が集積していった。

　これら卸売市場のうちでも，その規模と役割で目立つ例として，浙江省の「義烏小商品市場」が挙げられる。これはアパレルに限らず多岐にわたる膨大な品目の商品を扱う卸売市場となって世界的にも注目を浴びたが，アパレル産業に対しては地元での発展を刺激する役割を果たした。義烏出身の浙江

省の卸売商は全国に多数の「アパレル専門市場」（紡織服装専業市場）と「服装百貨綜合市場」を開設した。これは中国におけるアパレル流通の重要なチャネルとなり，生産・流通の発展を促進した。またこれと密接な関係にある浙江省のアパレル企業は，地元の卸売市場の成長に伴って規模を拡大し，これらの専門市場のみならず，百貨店にも自社ブランドで供給するようになったのである[154]。

(3) 百貨店とアパレル

　中国では計画経済期の百貨店は配給機関として広範な日用品を扱っていたが，1980年代以降，百貨店が徐々に米欧と同種の位置付けに近づいてゆくと，その取り扱い品目の中でもアパレルの重要性が高まった。特に1990年代後半から2000年代半ばの時期には，百貨店の粗利益拡大のための低粗利商品の追放や，業態の多様化による品目別専門量販店の登場によって家電製品と金物等は百貨店から姿を消し，アパレルが百貨店の主要な事業となった。2000年代には，アパレルは百貨店売上高の50-60％を占めていた[155]。

　百貨店は，本章の冒頭で述べたアパレル小売での地位低下が始まる前には，2つの意味で支配的な地位を有していた。第1は，アパレル小売において，百貨店は数量的に最大の小売チャネルであった（夏，2010，22-24）。第2に百貨店は，改革開放の中で登場したアパレル企業（垂直統合型のアパレル企画・製造・卸売企業と，製造は第三者に外部委託し製品を百貨店に供給するサプライヤー）に対し強いバイイング・パワーを持していた。これにより，百貨店はアパレル企業の意思決定を左右したのである。もっぱら百貨店を相手にアパレル品を生産・販売する経済活動，そしてこれらのアパレル品を，日本での用例と研究に従い「百貨店アパレル」と呼ぶならば，中国にも百貨店アパレルが存在し，これに対して百貨店は強い力を持っていた（Niu, Chen & Zhang, 2017）。中国の場合，このサプライヤーとは，アパレル企業あるいは中間業者の代理商である。アパレル企業は立場が弱く，百貨店に出店する際には百貨店はこれに出店料を要求し，百貨店は販促活動と販売目標でサプラ

154）「百万浙商闊天下　服装百貨銷四海」『中国紡織報』，2011年10月31日。
155）「百貨之路縁何越走越窄？」『解放日報』，2000年9月25日。

イヤーに圧力をかけていた（劉，2010，68）。

　バイイング・パワーに由来する非対称な力関係は他国でも普通に見られるが，中国の場合にこれは，経済体制やその変化の過程に起因する特殊な背景の下で形成された。計画経済期においては，アパレル企業の製品は政府が策定した計画に従い配給を行っており，計画経済期のアパレル企業にはマーケティング力が必要ではなかった。そのため，改革開放初期のアパレル企業は販路開拓の能力を持たなかった。よって政府は1980年代初頭に，国営百貨店に対し，特定のアパレル企業を調達先として指定した。国営百貨店は当時は唯一の近代小売業態でもあり，この構図の下で，アパレル企業はこの政府の指示と国営百貨店に全面的に依存したのである。しかもこの時期，百貨店は仕入れルートの多様化を進めていた。これによって百貨店とアパレル企業の間の非対称な力関係が強まり，百貨店が強いバイイング・パワーを持つようになった。

　このように強い支配力を有していた百貨店であるが，しかし2010年代に入ると一転して，アパレル小売における地位を急速に失っていった。これは新興小売形態が有利な条件を持ったがゆえに起こったことではあるが，それ以上に，百貨店の側に固有の弱点や劣位があったからとも解釈できる。中国での報道や研究でしばしば言及されてきた「百貨店アパレル（百貨店服装）問題」（価格，品質，品揃えの問題）は，そうした弱点を示すものと考えられる。この問題は，主に以下の2つからなる。第1に，百貨店アパレルでは，高価格でありながら品質が低い商品が珍しくないとの評価である（劉・曹・杜・許，2016）。この場合の品質には，製造品としての品質のみならず，デザイン・クオリティも含まれる。「百貨店アパレルはデザイン感（デザインのセンス）が足りない」などともよく言われてきた（白，2012，98-99）[156]。第2は，1つの都市にある複数の百貨店の間で，取り扱うアパレルのブランドが同一であったり，各ブランドの中で実際に置かれている商品の品揃えが同一ないしは似通っているという商品の同質化問題である（董，2013等）。この2つの問題は，要は価格，品質，品揃えの問題といえる。これはもちろん，(1)

156）「『解放鞋』逆襲世界時尚圏」『国際金融報』2014年4月7日。

原材料供給，(2) 糸・生地・繊維製品，(3) アパレル生産，(4) 卸売・小売の流通・販売からなるアパレルのバリューチェーン（Frederick, 2010）の全てに関わるが，しかしここでは，この問題を，特に (4) の卸売・小売での流通・販売から検討してゆく。

アパレルの流通・販売を検討する際には，1990 年代以降 30 年にわたって百貨店アパレル流通の基本的な仕組みとなっている 2 つの制度，すなわち前節で言及した「代理商制度」と「聯営」（第 4 章でも触れたが本章で詳述）を理解する必要がある。代理商制度は商品調達と商品供給を，また聯営は売場運営を規定しているからである。前節の内容をまとめると，聯営は，百貨店が商品の所有権を有して自ら売場を運営する「自営」——欧米では一般的——とは異なって，百貨店とアパレル企業あるいは代理商が契約に基づいて共同で売場を運営する方式である。この場合代理商は，アパレル企業にとっては販路の開拓の担い手であり，代理商はアパレル企業に代わって百貨店の小売にも関与する。

なお日本では，委託取引と派遣店員という形態が取られている。アパレル企業は百貨店に商品を販売するのではなく，販売を百貨店に委託することによって，在庫リスクを自ら負担する。また，アパレル企業は自ら販売員を派遣し，百貨店の人件費を負担する（藤岡, 2016, 94）。在庫リスクと人件費をアパレル企業が負担する点や，アパレル企業が売場の運営（例えば販促活動）にも関与する点では，程度の違いはあっても，日本の委託取引との類似性がみられる。

中国の百貨店に関する研究の中では，上記の代理商制度や聯営が後述の「百貨店アパレル問題」の原因であり，百貨店の競争力を弱めたとされてきた（王, 2015；陳, 2011 等）。しかしこの因果関係については，実際には明確な根拠が示されていない。王（2015）は，聯営を外国のバイヤーシステム（買取仕入れ）と比較しつつ，百貨店の自主性を回復するためにこれをバイヤーシステムに転換すべきとしながら，実際には代理商が中間流通をコントロールしており困難だろうと結論づけている。陳（2011）や朱（2016）も似たような見方を示している。しかしながら聯営と代理商がどのような理由で採用されいかなる仕組みを持っているのかは，実際には明らかにされていない。

2.　百貨店アパレルの流通システムと「百貨店アパレル問題」

(1)　百貨店における聯営

　ここでは「聯営」のメカニズムとその成立の経緯を詳しく分析する。聯営とは，百貨店がリスクを回避するために企業誘致の方式で商品やブランドを導入し，納入業者が商品の販売や在庫管理などの日常の運営をするとともに，百貨店が，賃貸料や管理費等からなる定額の固定費と売上の一定の割合を粗利益として納入業者から徴収するという，売場運営方式の一種である（朱，2014，106）。

　聯営というこの方法の原形は，政府による流通改革の中で登場した「聯営聯銷」（聯合運営，後述）である。外国百貨店で広く用いられている「自営」方式では，バイヤーによる商品仕入れとともにその所有権は百貨店に移り，百貨店は自らの裁量で売場運営を行い，売り値と仕入れ値の差を収益とする。一方，聯営の場合には通常，百貨店とサプライヤー（アパレル企業あるいは代理商）が共同して売場を運営するが，商品が顧客に売れるまでは商品の所有権は，売れ残りリスクとともにアパレル企業に残る。百貨店は毎月の売上高からその一部を受け取り，これを固定費分の支払いとともに自らの収益とする。百貨店の受け取り割合は契約によって事前に決められる。表5–1は，中国の百貨店において歴史的に存在した4つの売場運営形態を示したものである（C. 売場・カウンター賃貸，D. 代理販売については本文で後述）。そのうち「B. 聯営」では，表に示されたように，百貨店は以下の役割を担う。(1)出店ブランドを決める。(2) 出店ブランドに売場を提供し，ショッピング環境の整備を行う。(3) 各ブランドの品揃えを監督する。(4) 全店共通の支払いカウンターを提供する。(5) 全店統一の販促活動を企画・運営する（ブランドごとの販促活動はアパレル企業によって企画・運営される）。

　聯営は，政府指導の流通改革の中で定着した。1981年に初めて登場し，1990年代半ばまで，政府の推進政策によって普及が進んだ。

　聯営の登場前に短期間存在していたのは，表の5–1にある「代理販売（代批代銷）」である。1978年後半から，工業部門の経営自主権が拡大し，アパ

表 5-1　各売場運営形態における百貨店の関与の比較

項目 ＼ 売場運営形態		A. 自主運営（自営）	B. 聯営（聯営聯銷）	C. 売場・カウンター賃貸（出租櫃台）	D. 代理販売（代批代銷）
時期		20 世紀後半以降には事例なし	① 1982 年 ～ 1980 年代末 ② 1991 年 ～ 現在	1980 年代末～ 1991 年	1980 年前後の 1-2 年
営利	商品の所有権	○	×	×	×
	主な収益源	商品販売価格と仕入れ原価の差額	売上の一定割合	賃貸料	「代銷費」（売上の一定割合）
販売業務	品揃えの決定権	商品の選択権	ブランドの選択権	仕入れ先の選択権	ブランドと品目の選択権
	価格決定権	全部	少ない	×	一部
	販売促進活動の主導権	全部	協力	×	一部
	百貨店の商品陳列への関与	全部（陳列場所，規模，スタイル）	陳列場所	陳列場所	全部
	統一されたレジ権	統一	大半は統一	半分	統一
	販売サービスの執行権	○	×	×	○
	アフターサービスの執行権	○	両方	×	×
プロセス	仕入れ管理	○	×	×	○
	配送管理	○	×	×	×
	販売管理	○	両方	両方	両方
資源	百貨店の経営層	○	○	○	○
	販売員	○	×	○	○
	店舗設備	○	○	○	○
	ブランドの導入	○	○	○	○

注：1. ○：百貨店が関与する。×：百貨店が関与しない。両方：百貨店とも仕入れ先とも関与する。2. 自営では，百貨店は製造業者または代理商から商品を買い取り，その商品を自らの店舗で販売する。代理販売とは，百貨店が製造業者または代理商の委託を受け商品を販売し，「代理費」（代理の報酬）を粗利益として徴収する売場運営形態である（李飛，2010，2）。

出所：「中国百貨店：聯営，還是自営」『中国零售研究』第 2 巻第 1 期，3 頁；「中国百貨店の聯営制に関する一考察―百貨店経営への弊害についての検討」『近畿大学商学論究』第 13 巻第 1 号，25 頁。

レル企業は徐々に販売権を獲得するようになったが，販路の開拓は容易ではなかった。そのため政府の商業部門は，工業企業の代理者となって，百貨店を含む国営商業企業に商品の販売を委託した。この場合も，商品が売れるまではアパレル企業はその所有権を持つ。商業企業は代理手数料を利益として獲得する。こうして生まれた取引・販売方法が，代批代銷である。名称が紛らわしいが，第1節で触れ，また次節で詳説する代理商制度は1990年代前半に登場した中間流通制度であって，百貨店の売場運営形態を示すこの代理販売（代批代銷）とは別物である。

　代批代銷では政府が間に入ったため，アパレル企業は実際には売場に関与することはなかった。しかし「聯営聯銷」が登場すると，アパレル企業と国営商業企業は直接の取引関係を持つに至り，アパレル販売による粗利を分け合う関係となった。1982年以降，聯営聯銷は拡大し，百貨店でも一般的となった（李飛，2010，8）。代批代銷は聯営聯銷に転換され，次第に姿を消した。

　1980年代末になると，「聯営聯銷」の類似形態が現れた。表中の「C. 売場・カウンター賃貸」は，わずか数年の間ではあったが，主要な売場運営形態となった。これは百貨店が一部のカウンターをアパレル企業に賃貸する形態であり，百貨店は賃貸料を収益源とし，アパレル企業は販売員を百貨店に派遣する。アパレル企業は自由に売場を運営でき，百貨店に対する支払いは定額の賃借料のみであったため，アパレル企業の主体性は大きい。

　しかし，売場・カウンター賃貸形態は下記のような商業秩序の混乱を引き起こしたため，短期間で聯営形態に逆戻りした。私営の零細小売商の営業が1980年代後半に解禁されると，「個体商販」とよばれる私的商人（行商・仲買人等）がアパレル品の小売で売上を拡大し，百貨店にとって脅威となった。百貨店はこの状況を逆手にとって，これらの私的商人に自らの売場（＝カウンター）を賃貸し始めた。しかしアパレル企業の製品に比して，個体商販が扱う商品には偽物が多く，商業秩序に大きな混乱をもたらした。そのためこの形態は1991年に中国商業部によって禁止され（李飛，2010，9-10），その後，聯営形態が徐々に復活した。

　その後の「聯営聯銷」の拡大は政府の指導によってではなく，百貨店とアパレル企業の自主的な動きで進められた。その普及率は1990年代半ばには

50％であったが，2000年代末には90％に達した（王，2009）。こうした拡大には以下の2つの原因があった。第1に，百貨店は売場をアパレル企業と共同運営することで，経営リスクを軽減できた。前述したように新興百貨店や外資系百貨店の登場により，1990年代後半に百貨店数は急増し，競争環境が厳しくなった。聯営による売れ残りリスクの回避は，そうした中で大きな魅力であった（李飛，2010，10）。第2に，2000年代に進んだラグジュアリーブランドの中国への進出も，聯営形態の拡大を促進した。ラグジュアリーブランドは，直営店や他の小売形態よりも聯営を好んだ。これら外国企業は中国の市場環境に慣れておらず，中国国内の百貨店との共同運営によってリスクを軽減することを好んだのである[157]。

(2) 中間流通における代理商制度

　代理商制度における代理商は，以下のように定義される。「商品調達面において中間物流の担い手であるサプライヤーとして，代理契約に基づきメーカー，ブランド，中国総代理店から商品を仕入れる傍ら，自ら調達した商品を小売業者の店舗内スペースを使用し販売を行う，『商品調達活動』と『販売活動』とを有するものであり，現在現地日系百貨店をはじめとする中国の大規模小売業者の多くは，これら代理商からの商品供給と販売活動によって日々の事業運営を行っている」（杉野，2009，117-118）。

　アパレルの流通においては，代理商はアパレル企業の代理者として2つの役割，すなわち販路の開拓と百貨店の売場運営を担っている。前者では中間流通者としてアパレル企業の販路を開拓し，アパレル企業の商品を百貨店に供給する。第2に，聯営形態では，代理商はアパレル企業の代理者として百貨店と売場運営を共同で行う。表5-1が示しているように，百貨店では，代理商はアパレル企業の代理者として百貨店が統一的に行う販促活動に協力し，またアパレル企業の指示を受けて，アパレルブランド独自の販促活動を運営する。また代理商は，販売サービス，商品の仕入れ，商品の配送と店員管理に責任を持つ。ただしアフターサービスは百貨店と代理商が共同で行う。

---

157)　「奢侈品大牌開店経　従聯営到租賃『三級跳』」『中国経営報』，2012年2月11日。

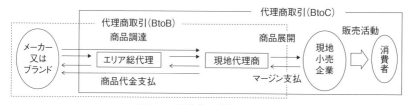

図5-1　代理商の事業フレーム

出所：杉野仁司（2009）「中国流通チャネルにおける代理商の企業間関係の形成―瀋陽市における事例研究」『国際ビジネス研究』第1巻第2号，118頁。

　代理商の企業間関係を分析した杉野仁司による概念図（図5-1）（杉野，2009，118）が示すように，アパレル企業と小売商の間に多段階の代理商が存在する場合があり，商品供給でも販売活動でもアパレル企業あるいは前段階の代理商の指示を受ける。しかしこれらの代理商取引においては，代理商間での資本提携やアライアンス，系列化というような関係は特に必要なく，チャネル内における個々の代理商が独立した企業体として存在している（杉野，2009，118）。

　図5-1が示すように，卸売商とは異なり，代理商は商品の所有権を持たない。よって代理商はアパレル企業からの商品調達では代金を支払わず，百貨店から代金を受け取って初めてこれをアパレル企業に支払う。百貨店からアパレル企業への代金の流れをみると，百貨店が毎月の販売額の中から，自らの取り分を控除したうえで残金を代理商に支払い，代理商は自らの手数料を控除して残りをアパレル企業に支払う。

　アパレル企業と代理商の関係は，いわばテリトリー制に基づいており，原則的には1つのエリアにつき設けられる代理商は1社のみである。1つのアパレル企業が複数のブランドを持つ場合には，これらをまとめて単一の代理商が設けられることもあり，またブランドごとに地域代理商が置かれる場合もある。テリトリー制をとるのは，同一地域内の複数の百貨店の間で品揃えや価格，販促活動を統一するためである[158]。しかしこれは，百貨店の側からするとむしろ統一性と全国的な店舗展開を阻害する。地域によって取引する

---

158)　2017年10月8日，国内系大手流通企業A社が展開しているショッピングモールの仕入れ関連者への電話インタビュー調査による。

代理商が異なるため，同じ商品でも地域によって仕入れ値が異なることが珍しくなく，商品価格の統一性が失われかねないからである。また新たな地域に進出する際に，その地域ごとに代理商を確保して交渉する必要もある。

(3) 流通システムと百貨店アパレル問題

　聯営と代理商制度は百貨店アパレルの商品調達・売場運営で大きな役割を果たしてきたが，他方で，アパレル企業と百貨店の双方に問題を引き起こし，2000年代の百貨店アパレル業界の不況の原因となったのも事実である。次にこの問題についてみてみよう。

　聯営と代理商制度の下で，百貨店アパレルの価格問題は，(1) アパレル企業から百貨店への支払い（販売額の一定割合），(2) 百貨店主導の販促活動による負担，(3) 百貨店のバイイング・パワー，(4) アパレル企業から代理商への支払い，(5) 代理商の多段階性によって生じた。

　(1) のアパレル企業から百貨店への支払いは，聯営の下でアパレル価格が高くなる原因である。支払いの割合はアパレルブランドの知名度により異なるが，ブランド力が低いほど支払いの比率は高く（章，2011，68），平均して販売額の25％である。アパレル企業はこの支払い額を込みにしても利益率が確保できるように，高いメーカー希望小売価格をつける（劉・曹・杜・許，2016，74）。

　(2) の百貨店がブランドを問わず統一的に行う販売促進活動による負担も，高価格の一因である。2000年代以降，百貨店の売上が伸び悩むようになると，シーズン末の一般的なクリアランス・セールに加えて，売上を伸ばすための不定期のセールも多く行われた。百貨店主導で行われるこの統一的なセールにより，アパレルの利益率は低下した。アパレル企業はこれに備えて，あらかじめ希望小売価格を高く設定するようになった。この状況は，百貨店アパレルの同質化が問題となった時期には，特に深刻化した。ある地域である百貨店がセールを行うと，他の百貨店も，自店扱いブランドの売上高減少を防ぐため，対抗して同種のセールを行い，連鎖的に販売価格と利益率が低下したのである（劉，2014，51）[159]。アパレル企業はやはりこれに対抗して平常時の希望小売価格を引き上げるため，これがさらに，売上不振とそれに対応す

るためのセールの多用を引き起こすという悪循環に陥った。

　(3) の百貨店の強いバイイング・パワーも，高価格をもたらした。聯営では，百貨店はブランドの選択権と陳列場所の決定権を持ち，販売活動をも強く管理している。アパレル企業は百貨店に出店する際に，高額の出店料を払う必要があり，かつ条件のよい売場を確保するためには，これを割り増す必要がある（章，2011，68）。出店料はアパレル企業のコストとなり，これをカバーするために，アパレル企業は小売価格を高く設定した。

　(4) のアパレル企業から代理商への支払いも，商品価格を引き上げた。この支払いは全国平均で販売価格の 20 ％に達していた（劉・曹・杜・許，2016，75）。これらの費用もアパレル企業の売上を圧縮し，希望小売価格に上昇圧力をもたらした。

　(5) の代理商の多段階性も，もとより中間流通コストを引き上げる。中間流通ルートでは，中国のアパレル企業やブランドの総代理店からエリア総代理へ，エリア総代理から現地代理商へ，現地代理商から小売企業へという過程を経ることもある。この各段階で，配送，保管，管理費用がかかるのが普通であり，これらのコストはアパレル企業の負担となった。

　以上のように，これら 5 つの要素は高い流通コストと小売価格の上昇に帰結していたが，そればかりでなく，価格の問題は品質の問題ともリンクしていた。というのも，利益率の低下に対するアパレル企業のもう 1 つの対応策は，商品の品質の引き下げによるコスト削減だったからである。製品のデザイン，素材，製織や染色・整理工程，衣服製造のあらゆる局面で，品質を犠牲にしたさまざまなコスト抑制策がとられた[160]。その結果，希望小売価格は引き上げられたのに品質は逆に低下するという現象が発生したのである。百貨店が築いた高級・高品質イメージがこれによって崩れ，高価格であっても顧客を引きつけるための前提が失われた。品質とデザイン・クオリティへの信頼の喪失は，百貨店の業績をいっそう悪化させることになった。

　価格と品質に関するこうした問題に加えて，品揃えの同質化の問題も深刻

159）「百貨業携手服装業謀求共贏」『中国質量報』2004 年 4 月 13 日 ;「百貨服装売場現打折怪圏」『中華合作時報』2012 年 12 月 7 日。
160）「百貨業携手服装業謀求共贏」『中国質量報』，2004 年 4 月 13 日。

であった。代理商は収益をあげるために，自らのテリトリー内の全ての百貨店を販路として開拓し，かつどの百貨店とも取引を維持するために，納入先百貨店の品揃えの種類や数量，販促の活動の内容を統一しようとする。その結果，同一地域に位置する百貨店の間で，アパレル・ブランドと品揃えが同質化し，百貨店の魅力が全体として低下することになったのである。

3. アパレル企業の経営戦略の変化

(1) ファスト・ファッションの台頭と直営店舗の拡大

　2000年代における外資系ファスト・ファッション・ブランドの進出は，中国におけるアパレル販路の多様化を促進した。2000年代には，Mango（2002年），ユニクロ（2002年），ZARA（2006年），H&M（2007年）などの外資系のファスト・ファッションが相次いで中国に進出した。これらの外資系ファスト・ファッション・ブランドのほとんどは，中国で直営店を開いた。一部には直営店と加盟店の組み合わせで進出したブランドもあったが，これらも2000年代後半から徐々に直営店へ転換した。これらの直営店の一部は独立した店舗だったが，それ以外は，ショッピングモールに出店した大型店舗であった[161]。

　このような出店形式は百貨店における聯営や代理商制度とは無縁であり，ファスト・ファッション企業は店舗経営を自主的に行った。百貨店アパレルとは対照的に，これらは，店舗装飾，店舗イメージのデザイン，販売業務（品揃え・価格決定・陳列・会計・接客・販促活動），仕入れ業務，配送業務，販売員，店舗施設で決定権を持つ。百貨店が決めた売上高を目標とし，売上高の一部が百貨店によって取り分として差し引かれる百貨店アパレルに比して，ファスト・ファッション企業の場合にはショッピングモールと店舗所有者に賃貸料を納入するだけであり，負担は軽かった[162]。また，このような直営制度では，販路開拓はすべてアパレル企業によって行われ，代理商制度の制限もなかった。店舗展開のための投資額は大きくなるが，いったん進出し

---

161)　「拉夏貝爾　本土化 ZARA 嘗試」『中国経営報』，2011年1月17日。

162)　「服装大牌直営挑戦百貨商場」『北京商報』，2008年4月1日。

てしまえば中間流通のコストは低く抑えられ，代理商による販売統一の問題
も存在しない。

　中国は単なる消費市場ではなく，世界的にもアパレルの主要な生産国で
あったから，外資系ファスト・ファッションの中国での販売への進出からま
もなく，国内系のファスト・ファッション・ブランドが多数登場した。その
一部は新しく登場したファスト・ファッション企業（例えば，福建諾奇股份
有限公司傘下のブランドである諾奇）によるものであり，一部は既存アパレル
企業からファスト・ファッション企業へ転換した企業のブランド（例えば，
上海拉夏貝爾服飾有限公司の傘下ブランドである拉夏貝爾：La Chapelle）である。

　これらの国内系ファスト・ファッションの拡大に牽引されて，国内系アパ
レル企業の直営店の拡大が進み，国内系アパレル企業の販路の多様化を促進
した。例えば 1998 年上海に発足し今日では 12 のブランドを有する上記の上
海拉夏貝爾服飾有限公司の場合，当初は，他のほとんどのアパレル企業と同
じく，代理商制度を通じて百貨店に出店していた。これにより短期間に全国
展開を遂げたが，利益率は低かった。創業者の邢加興は，代理商制度の弊害
に苦しむ中でヨーロッパを訪れて ZARA から触発され，その後は直営店を
展開するようになったという[163]。

　拉夏貝爾は唯一の事例ではなく，他にも多数の企業が同様の転換を遂げた。
国内アパレル企業のこうした店舗直営化の動きは，百貨店に大きな衝撃を与
えた。これらの有力なアパレル企業は，独立した店舗を開くかショッピング
モールへの出店によって直営店舗を展開したため，百貨店は有力なブランド
を確保できなくなり，品揃えの点でも大きな打撃を受けた。

　また，これらのファスト・ファッションは，最新の流行を取り入れつつも
価格を抑えた衣料品であるため，一般大衆層から大きな支持を集めた。ファ
スト・ファッションはファッションの大衆化・カジュアル化への貢献が大き
いが，百貨店との関係についていえば，百貨店がターゲットとしていた顧客
層の大半が，百貨店が得意としていた高価格帯の製品から離れていくという
結果を生んだのである[164]。

163）「拉夏貝爾　本土化 ZARA 嘗試」『中国経営報』，2011 年 1 月 17 日。
164）「購物中心漸成服装企業銷售主渠道」『中国商報』，2016 年 1 月 8 日。

(2) eコマースの拡大とアパレル産業の成長

2000年代末からのeコマースの急成長によって登場したオンライン発ア
パレル企業や，実店舗発アパレル企業によるネット通販への進出も，百貨店
に衝撃を与えた。

中国におけるeコマースの拡大は，アリババグループの事業をはじめとす
るeコマースプラットフォームの成長とともに実現した。アリババについて
は第2章で述べたが，競合企業のプラットフォームも含め，eコマースの発
展は，アパレルの小売に3段階の変化をもたらした。第1段階（2004-09年
頃）では，アリババのオンライン・プラットフォームの設立により，オンラ
イン発アパレルブランドの登場が促された。第2段階では，実店舗発アパレ
ル企業も，オンライン・プラットフォームを通じて，オンライン店舗を展開
した。さらに2013年頃に始まる第3段階では，実店舗発アパレル企業は実
店舗販売とオンライン販売の比率を変え，集客力を失った百貨店での店舗数
の縮小に動き，これが百貨店をいっそう苦しめた。

上記の第1段階では，一部のオンライン発ブランドの認知度が高まった。
これらのブランドはタオバオプラットフォームによって初めて事業に参入し
た。これら参入者は，実店舗発アパレル・ブランドのようなブランド力を持
たなかった。これらのブランドはタオバオからスタートしたため，（ただし
後にはBtoCプラットフォームのTmallに移転），タオ・ブランド[165]と呼ばれる。
タオ・ブランドは実店舗発アパレル企業と異なり，最初にセレクト商品（第
三者による既存製品）の販売で認知度をあげる例が多かった。当時は，タオ
バオのアパレル製品は，コスト・パフォーマンスが良いとの評価や報道が目
立った[166]。百貨店では上述のように価格と品質の不均衡が顧客離れを引き起
こしていた時期であり，百貨店アパレルへの打撃は深刻であった。

---

165) タオバオでは，当初，中国の縫製工場で生産したアパレル・ブランド（国内ブラ
ンドも海外ブランドもある）のうち，いわゆる「わけあり」のもの，ブランドの生産
工場から横流ししたもの，偽ブランド品等を販売するものが多数あった。それらの商
品に名付けられたブランドは，本書ではタオ・ブランドとしない。

166) China's Online Shopping Mecca.New York Times. 10 August 2009;「掲秘淘宝
時装店店主的生存法則」『外灘画報』2011年6月20日;「氷城淘宝網店超過万家 『箱
包店』一天営業額達10万元」『生活報』，2013年6月9日等。

　タオバオで 2018 年に売上高 6 位に入った韓都衣舍は，2008 年に設立され
た中間所得層をターゲットとするレディースアパレルブランドである。従業
員 40 名，年間売上高は 20 万元からスタートしたが，2012 年の売上高は 5
億 6000 万元となり，2014 年には従業員 2600 人，15 億元の売上を持つブラ
ンドとなった[167]。韓都衣舍の創業者の趙迎光は 1990 年代末に韓国からの衣
料品の代理購入で事業を始めたが，その後は中国人のバイヤーとデザイナー
を雇い，韓国の衣料品をモデルにしながら，そのデザインを改造する商品を
販売する事業モデルを作り成功している[168]。
　オンライン発アパレル企業は，百貨店アパレルに比して，管理手法，販売
状況の把握，コストの削減で優位性を持っていた。ネット通販店舗には聯
営・代理商制度に起因する問題はない。販路改革の手間，中間流通コスト，
百貨店のバイイング・パワーから生じた出店料などのコストも省くことがで
きる。また，どうしても販売管理が間接的になりがちな実店舗，特に代理商
を介する百貨店での販売に比して，ネット通販では迅速に，しかも単品ごと
の正確な販売管理ができる[169]。
　こうした中，実店舗発アパレル企業もネット販売に乗り出した。2009 年
は多数の企業にとってその起点となり，その多くが B to C プラットフォー
ムの Tmall を通じてネット通販を展開した。プラットフォーム企業はアパ
レル企業に対してネット通販に関する提案やノウハウを提供しており，アパ
レル企業にとっては，自社サイトの開設よりもリスクとコストが低い。この
条件は，中国市場やネット通販についての知識や経験を欠く外資系アパレル
企業——日系企業を含む——には大きな意味をもった（劉，2010，74）。
　第 3 段階においては，e コマースにおいてオンライン発アパレル企業と実
店舗発アパレル企業の逆転がおこった。2013 年以降，アリババが公表した
データでは，実店舗発アパレルブランドは売上高ランキングを上げ，他方，
タオ・ブランドはランキングを下げた（表 5-2）。
　実店舗発アパレル・ブランドの優位性は，既存の事業基盤や事業規模のみ

167）「干掉 Zara　韓都衣舍的生存之道」『企業家日報』，2015 年 11 月 11 日。
168）　2018 年 1 月 30 日に韓都衣舍で実施したインタビューによる。
169）　同上。

表 5-2 「双 11」販促期間のレディースアパレルブランド販売額ランキング

	2013 年	2014 年	2015 年	2016 年
1	茜曼	韓都衣舎	優衣庫	優衣庫
2	韓都衣舎	優衣庫	韓都衣舎	ONLY
3	Artka	Artka	拉夏貝爾	波司登
4	裂帛	茜曼	ONLY	韓都衣舎
5	欧時力	波司登	欧時力	楽町

出所：アリババが毎年 11 月 11 日にリアルタイム公表するデータと，アリババの売
上高データ公表プラットフォームの Data Cube により筆者が作成。網掛は実
店舗発アパレル企業。実店舗もオンライン店舗も展開する。

ならず，実店舗がオンライン店舗を支えることに基づいている。拉夏貝爾は
これを示す事例である。拉夏貝爾が持つ 3000 店の実店舗は，オンライン販
売での顧客向けの商品発送拠点でもある。3000 の店舗は各地に分布しており，
短時間での商品配送が可能である[170]。1990 年に遡る国内系ブランドである
七匹狼（福建七匹浪実業有限公司の傘下ブランド）の事例も同様の利点を示す。
これは 2009 年以降，タオバオを利用してネット通販を開始した。ネット店
舗と実店舗の双方において在庫を融通し，また直営の実店舗はネット店舗の
ための返品・交換の場にもなる。ネット店舗の展開は実店舗への来店を呼び
起こし，実店舗の販売もネット店舗によって促進された。またこの連携に
よって，試着がしにくいというネット通販の制約も相対化された（謝，2013，
50）。

　これらの延長で，一部の実店舗発ブランドは独自のオンライン店舗サイト
を開設した。デンマークの BESTSELLER 社はその一例である。2014 年に
は，同社は中国の一部地域では実店舗開設をやめ，そのかわりに，傘下ブラ
ンドの JACK & JONES の自社オンライン店舗サイトを開設した[171]。

　こうした対応の結果，これらの実店舗発ブランドは，実店舗の拡大を見合
わせ，あるいはこれを縮小したが，そこでは特に百貨店からの撤退が目立っ

170）　2018 年 3 月 8 日，日系アパレル企業 B 社へのインタビュー調査による。
171）　「綾致時装旗下門店閉店盤整　加碼線上做 O2O」『南方日報』，2014 年 8 月 22 日。

た。前述の BESTSELLER は，2014 年に通販店舗事業の拡大とともに，杭州，温州等の多数の実店舗を閉じた。それ以前には，同社は中国の 300 都市で 6000 店以上を展開しており，「BESTSELLER がなければ百貨店もない」とまで言われたが，こうした撤退の動きにより，百貨店はいっそうの集客力低下に苦しむことになる。

(3) マルチブランド戦略

　1990 年代には，ほとんどのアパレル企業は，単一のアパレル・ブランドを持つのみであった。しかし 2000 年代に入ると，マルチブランド戦略を取るアパレル企業が次第に増えていった。アパレル企業にとっては，マルチブランド戦略は市場シェアの拡大，販売機会ロスの低減，原材料仕入れ力の向上に有利なのはもちろん，中国の場合には，百貨店のバイイング・パワーに対する対抗力ともなる。

　その事例を，上海拉夏貝爾服飾股份有限公司にみることができる。同社は 2001 年から順次 8 つのブランドを立ち上げ，婦人服，紳士服，子供服のすべてをカバーするに至っている。同社のマルチブランド戦略は 3 つの目的を有した。(1) ブランドの人気衰退の防止，(2) 市場シェアの拡大，(3) 多ブランドの多店舗展開による販路での優位の獲得である（袁，2016，80）。

(4) アパレル企業の百貨店への関与

　2000 年代に入ると，アパレル企業は百貨店と業務提携契約を締結したり，あるいは百貨店に対し資本参加や経営への参画を行うようになった。これは百貨店の新規出店での優先的な出店や，出店交渉の簡素化，有利な出店条件の獲得を狙ったものであった。2004 年に「雅戈爾集団」（アパレル企業）が行った「銀泰百貨集団」（百貨店事業を中心とする全国展開の企業）との提携や，2010 年に「大商集団」（大連市を本拠とする小売業者で中国全体で 50 都市に店舗を構える）資本参加したアパレル企業 3 社の事例はその典型例といえよう（韓，2010，79）。

4. 百貨店における仕入れの変化

(1) 国内系百貨店の集中仕入れ制度

　前述のように，百貨店の全国展開の際には，代理商制度はその障害になり
うる。これを回避するため，一部の百貨店は1990年代後半から一部のブラ
ンドで集中仕入れを採用した。具体的には，百貨店企業の本部が直接にアパ
レル企業あるいはアパレル企業の総代理商と交渉し，傘下にある店舗の仕入
れ業務を一括運営するのである。これにより中間流通コストを圧縮し，地域
内での品揃えで他店との差別化を実現した。北京王府井百貨は国内系百貨店
の中で最初にこの集中仕入れを導入した企業となった。

　しかし，代理商制度が全体的に広まっている中国では，集中仕入れの実施
は簡単ではない。集中仕入れに転換した百貨店数は少なく，業界全体の取引
慣行を変えるには至らなかった。代理商の反発を恐れる多くのアパレル企業
は百貨店による集中仕入れの動きを支持せず，集中仕入れを目指した多くの
百貨店もこれを断念した。その導入に踏み切った北京王府井百貨でも，制度
改革後9年目になっても，100％の商品の集中仕入れは実現できていない
（李，2006，78）。

(2) 外資系百貨店の再進出とバイヤー制の導入

　聯営による国内系の百貨店とは異なり，外資系百貨店では，バイヤー（百
貨店の従業員）による商品買取による自営がよく見られる。バイヤーは，生
産者をまわって有望な商品を買い付ける。コーディネートされた商品ブラン
ドごとの売場，すなわち箱売場ではなく，バイヤーが買付けた商品を服種あ
るいは商品のコンセプトにより陳列した平場によって販売する。

　2010年代には，バイヤーによる自営を行う外資系百貨店が中国に進出した。
レーンクロフォード（香港），NOVO百貨（香港），ZEN（タイ），I.T.（香港），
ラファイエット（フランス）は，中国でもバイヤ制ーを導入し，北京，上海，
杭州等で開店した。

　しかし，これらの試みはうまくいったとはいえない。バイヤーを導入した

百貨店の仕入れは消費者データに依存するが，バイヤー制がごく少数にとどまる中国では，バイヤーに消費者データを提供する主体がなく，百貨店が自ら消費者調査を行おうとしてもコストがかかる。上記の各社のうち，2006年に上海に進出したレーンクロフォード社は業績不振で撤退し（2012年に再進出），また，NOVOも武漢市，重慶市，上海市の店舗を閉店している（索，2012, 74）。

(3) 国内系百貨店におけるバイヤー制の導入

　国内系百貨店でも，バイヤー制導入による買取・自営への転換の動きがみられた。ここでも北京王府井百貨が積極的であり，2000年代には一部の主要店舗でこれを導入した。自営による取扱い商品は，食品類，アクセサリー類，アパレル類，ギフト類であった（索，2012, 74）。その他，地方的な百貨店の中での有力企業である「重慶百貨」，「広州正佳広場」の「Hi生活概念館」もこれを試みた。また「南京新百集団」はイギリスのハウス・オブ・フレーザーを買収し，それによりプライベート・ブランドとバイヤー制導入のノウハウの習得や，旧来型の百貨店からの転換を目指した（張，2015, 76）。しかしこれらの試みはいずれも成果をあげられず，部分的に断念されるか，さらには店舗全体の撤退へとつながった（洪，2016, 6）。既存の流通システムの制度的な慣性は強く，問題が認識されつつも，その改革は容易ではなく，仕入れ制度の転換により百貨店が流通での支配的な地位を回復する道筋は見えていない。

5. 流通改革の罠

　以上，百貨店アパレル流通の視点から百貨店の変容を検討した。本章はアパレルの小売で，百貨店がなぜ，どのような経緯で支配的な地位を失ったのかについて明らかにした。

　改革開放後の流通システム改革により，百貨店アパレルの流通は，聯営と代理商制度によって行われるようになった。しかしこれは，高コストや弊害の多い販促活動に帰結し，商圏の中で百貨店相互の差別化が難しい状況を生

じさせ，百貨店アパレル問題を引き起こした。

こうした中，百貨店もアパレル企業も対応を模索した。しかしその成果は対照的である。アパレル企業はその地位を向上させたが，百貨店は構造的な問題に苦しみつづけている。ファスト・ファッションとeコマースの成長の中で，アパレル企業は多様な販路の開拓に成功し，マルチブランド戦略や百貨店への関与により，百貨店のバイイング・パワーから脱した。他方，百貨店は，計画経済から市場経済への転換という歴史的経緯から生まれた代理商制度と聯営から脱することができず，その地位を回復することができていない。

その結果，アパレル小売の構造が変化した。1990年代の百貨店を中心とする構造から，多様な小売チャネルからなる構造へと転換したのである。百貨店は依然として重要な販路の1つであるが，アパレル企業自身の直営店舗とオンラインストアも，アパレル企業の重要な選択肢として拡大した。それにより，百貨店の市場シェアの一部が奪われた。一部のアパレル企業はオンライン事業を拡大し，他方で百貨店への出店を縮小した。その結果，百貨店は有力なブランドを保持できなくなり，集客力が弱くなった。

このように，計画経済から市場経済への移行と流通機構の再編は，当初は百貨店の成長を支え，これを支配的な地位に高めたが，その過程で形成された取引の制度は，ファスト・ファッションやeコマースなど競合する多様な業態が出現する中で，百貨店の競争力を弱め，アパレル企業の成長も妨げた。体制転換という中国固有の要因は，百貨店から他の業態への多様化を遅らせたのではなく，むしろこれを促進したのである。その後，アパレル企業は百貨店との取引関係の中でその地位を向上させ，対照的に百貨店はかつての支配的な地位を失った。今日では，百貨店はアパレルの主要な販路の1つにすぎなくなっている。

結　語

　新中国成立から今日に至るまで，中国の小売業は，正反対の方向に向かっ
て行われた2回の大きな経済体制の転換の中で，大きな変容を遂げた。1949
年から 1978 年の 30 年間は，市場経済から計画経済への移行，あるいはその
後の計画経済の時期であり，また 1978 年から今日に至るその後の 40 数年間
においては，計画経済から市場経済への転換が進められた。そうした中，小
売企業の所有・経営形態は，計画経済への移行期においては「私営→公私合
営→公営」という形で変化し，またその後の市場経済への転換の過程では，
「公営→公私合営→公営＋私営（公営企業，公私合営企業，純然たる私営企業
〔外資系も含む〕という多種類の企業類型の併存）」といった継起的な変化がみ
られた。もっとも，すべての企業がこうした段階的な再編を経験したわけで
はなく，例えば第1章で詳しく検討した永安百貨は，1969 年に公営公司に
転換されて以来，今日に至るまで国有の百貨店として存続している。
　計画経済期の 30 年の間においても百貨店が本格的に公営化されるまでに
は 20 年という長い期間を要したこと，よって純粋な公営の時代は 10 年間に
過ぎなかったことは，留意されてよい。その後には，再び私営と市場の要素
に関する模索が始まるのである。社会的な記憶が全て失われるには短すぎる
時間であり，改革開放以降の様々な試みの成否も，そうした時間軸，背景の
もとに捉えられねばならないだろう。
　しかも，政府が進めた公営化や計画流通の下においても，百貨店が経営の
自主性をすべて喪失し，経営改善や創造性が失われたと言い切ることもでき
ない。本書で垣間見てきたように，公営化への流れの中でも，個々にみるな
らば，売場運営や仕入れの改善，生産部門の設立など，様々な創発的な取り
組みが行われていた。逆説的なことに，これらは，物資不足，消費の停滞，
公営化に対する不安の中で，個々の経済主体が状況対応的に模索を進める中
で行われたものであった。しかもそこには，それまでの経営者（資本家）が
経営権を喪失する中で，主人公意識を強めた従業員が自主性をもって経営の

改善と創造に努めるという状況も，実際にみられたのである。計画経済とい
う統制に基づく体制においても，企業内部には一定の範囲内であったとして
も自主性が存在していた。

　1978 年の改革開放政策の開始からまもなく，中国における流通産業にお
いても，段階的・漸進的に改革が進められ，最終的には根底的な変化をもた
らした。公有制の配給機構による計画に基づいた流通は，私有制と市場メカ
ニズムに基づく流通へと転換し，市場経済が復活したのである。そしてこの
小売業の再編は，既存の業態の中で中心的な位置にあった百貨店を中心に進
められた。

　百貨店のその後の変化の過程は，(1) 市場化の局面，(2) 国外でみられた
のと同様の百貨店という業態が，かつての姿への回帰によって再確立する局
面，(3) そうして確立したばかりの業態がその地位を低下させる時期に分け
られる。短期間のうちに地位低下へと転じた背景は，百貨店の売上高の半分
超を占めたアパレルの調達・店舗運営の検討から浮き彫りとなった。流通改
革の中で定着し，百貨店を小売業の中心に据えた代理商制度と聯営売場形態
が，環境変化の中でむしろ弊害となっていったのである。その結果，ファス
ト・ファッションの登場や IT 革命といった世界規模での変化の中でアパレ
ル企業がその地位を向上させたのに対し，百貨店がかつての地位を回復する
ことはなかった。

　百貨店に続く近代的業態として登場したスーパーマーケットも，百貨店と
同様，国外ではずっと以前に確立していた業態であった。しかしスーパー
マーケットにおいては，中国の歴史的・社会的な条件と，その下での企業家
による創発的な革新によって，中国独自の新しい業態として「生鮮スーパー」
が出現した。この業態の存立の基盤は，生鮮品の扱いの困難さという普遍的
な問題であったが，永輝とその創業者は，仕入れ，物流，店舗運営の仕組み
によってこの困難を克服したのである。

　本書の問いは，中国において様々な業態がなぜ，どのように変容したのか，
業態の変容の結果，何が生み出されたのか，というものであった。これに対
して，次のように結論することができるであろう。第一に，中国の場合には，
大多数の他国とは異なって，業態の変容は，計画経済から市場経済への移行

という，極めて根底的で大規模でありながら政策的には漸進性と段階性を重視した制度変化に規定されていた。同時にこれは，後発性に規定された急激な近代化と国外からの制度・知識の移転の結果でもあり，先進国においては1世紀近くの時間をかけて継起的に登場した各種の業態が，互いにせめぎ合うようにして短期間に出現したことによって，業態の変容がもたらされたのである。

　しかし同時に，その過程には意外な側面もあった。例えばこの変化の過程では，後発者といえる地方都市の業態変容が民営企業に牽引されて進んだ。そこでの民営企業の姿は，世界への窓口でもある上海のような都市よりも活発であるようにも見える。後発性を免れなかった中国で，国外で生まれたモデルの移植によるキャッチアップ型の変化があったことはもちろんであるが，しかしそればかりではなく，中国の文化的条件，制度的要因と歴史的な文脈を反映した内発的な変化がみられた。小売業を変容させ，ついては中国独自の小売業態の登場をもたらしたのは，何よりもそうした創発的なプロセスであったのである。

あとがき

　京都大学の研究生となるために私が来日した2012年から，博士課程を終え中国に帰国した2019年までの7年の間に，中国の小売業は大きな変化を遂げた。留学以前の生活では，ネット通販も1つの選択肢ではあったが，実際に買い物をするのはもっぱら百貨店やスーパーであった。タオバオ（アリババグループの老舗eコマースサイト）での買い物が新鮮で試し買いをし，低価格でも商品に遜色がないことに感心したりしていたが，衣料品を買う時にはそれでも百貨店に出かけ，試着のうえで購入していた。支払いも現金やクレジットカードが普通であった。しかしその後の流通の変貌ぶりは激しかった。消費や流通の研究者として日本にいる間も中国での変化をそれなりに追っていたつもりであったが，それでも毎回の帰国のたびに変化に戸惑い，外国人扱いをされることも珍しくなかった。2019年に本格的に帰国して上海で生活を始めると，まるで私は，見知らぬ国に迷い込んだ異邦人であった。バスに乗ってスーパーに行くよりアプリで注文した商品を自宅で受け取るのが便利なことを知った。衣料品も気軽に返品できるタオバオのアパレルブランド旗艦店（オンライン）で買うようになり，研究目的での取材を除けば，百貨店に行くことはなくなった。上海では，現金で買い物ができる店は今日ではほとんど姿を消してしまった。

　もちろんこうした変化は，情報通信技術の発展・普及がもたらしたものである。とはいえ，中国でのこうした変化が，先進国のどの国よりも早いペースで起こったことを考えると，旧勢力の代表といえる百貨店とスーパーの側にも，何か急速な地位低下の原因があったのではないかと問うてみなければならないだろう。それだけではない。百貨店やスーパーのかつての姿を少しでも振り返るならば，百貨店の役割の変化が近年になって初めて起こったことではなく，中国の近現代史，流通史の中で百貨店が数次にわたる大きな変化を経験してきたこと，またそれよりもずっと短いスーパーの歴史からも複雑な経緯が浮かび上がることに，すぐに気付かざるを得ない。そしてその経

緯を探るならば，社会と経済が経験したより大きな変化も，同時に浮かび上がってくるだろう。

　本書は，こうした関心のもとに，中国における百貨店とスーパーの歴史を，20世紀半ばから今日までの長いスパンで描くことによって，中国における流通業・小売業の変容の実態，その背景，そしてそうした変容の意味を明らかにしようと試みたものである。この主題を選んでからも，対象や手法をなかなか絞ることができず，歴史研究と社会科学的な研究の2つの方向性の狭間で迷いながら，今日まで二兎を追ってきたように思う。中国における流通の構造や個別の歴史的事象の解明をしたいと考えつつ，同時に，百貨店やスーパーの地位の変化に関して，自ら一般化を行うまでに至らなくとも，理論化を指向する社会科学的な分析に歴史的な素材を提供することで，学問的な貢献ができればと考えてきた。

　こうした研究の道筋の中で，ある時から，市場経済から計画経済へ，また計画経済から逆に市場経済への経済体制の移行という，世界的にみても特殊な経験を経てきた中国の状況に対し，他国の人々が持つ関心や疑問，あるいは懐疑心を意識するようになった。こうした経済体制の問題は，流通業・小売業研究の通常の分析対象からは外れるが，中国における変化を，この問題を抜きにして理解することはできない。大きなテーマであり，私の手に余ると感じることもあったが，本書の分析が，少しでも上記のような関心に応えられるものとなっていれば，著者としては望外の喜びである。

　本書は，2018年6月に京都大学に提出し，同年9月に博士（経済学）の学位論文として認められた「移行経済期中国における流通の再編と業態の変容」の原稿をもとに，これを加筆修正し，また学位取得後に執筆した第1章を新たに加えたものである。初出は，以下の通り。

　序　章　書き下ろし
　第1章　書き下ろし
　第2章　書き下ろし
　第3章　書き下ろし

第4章 「改革開放後の中国における百貨店の変容とその革新──上海市，済南市，淄博市を事例とした地域性の比較分析──」（『アジア経営研究』第23号，2017年8月）。

第5章 "Loss of Department Stores' Dominant Status in China's Apparel Retail Industry"（*Enterprise & Society*, 2019年8月に掲載決定。掲載号未定）。

終　章　書き下ろし

なおこのうち第3章については，日本のある学会誌に投稿し，査読者から有益かつ丁寧なコメントを得たものの，助成金を得て確定していた本書の刊行日程との関係で調整をつけることができず，再投稿を見送ったものである。投稿先誌の関係者や匿名査読者の労を無にする形となってしまい心苦しいが，いただいた査読コメントは本書の内容に生かされている。この場を借りて海容を乞いたい。

ここにいたるまでには，本当に多くの方々にお世話になった。まずお礼を申し上げたいのは，直接にご指導いただいた京都大学の先生方である。研究生となってから博士課程を終えるまでの7年間，黒澤隆文先生に主指導教員としてご指導いただいた。豊富な学識を持ち，ハードワークの中でも疲れをみせず，各国の研究者との多面的な研究・教育ネットワークの構築に力を注ぐ黒澤先生には，研究の面白さをはじめ，本当に多くのこと教えていただいた。修士課程では自信を持てずに研究テーマに何回も変えたが，その度に，「ぜひやってください」「これは面白い」と励ましていただき，また研究が散漫になった時には，厳しい注意もいただいた。また先生は，博士論文を含む私のほとんど全ての論文について，助言やコメントにとどまらず，文字通り一字一句添削してくださった。本書も例外ではない。黒澤先生との出会いがなければ，本書が世に出ることもなかっただろう。心より感謝したい。

副指導教員をお引き受けくださった塩地洋先生からは，現地調査の重要性やそのノウハウを教えていただいた。内向的な性格の私は企業調査のアポ取りに苦手意識を持っていたが，人並み外れた調査経験を持つ塩地先生のお話

や助言のおかげで，企業調査に取り組めるようになった。回を重ねながらも国際学会では緊張してしまうことがあったが，最前列に座る塩地先生はいつも「大丈夫」というかのようにうなづいてくださり，落ち着くことができた。博士論文の審査会で「よかったよ」と存外にもお褒めくださった塩地先生の言葉が，今でも心の支えになっている。

　京都大学では，田中彰先生からも，学位審査やその他さまざまな機会に，流通研究の基本的な概念，理論，専門用語について多くの指摘や助言をいただいた。3人の先生には，長年にわたるご指導に深く感謝申し上げ，またその学恩に報いるべく，これからも研究に励んでゆきたい。また京都大学では，久野愛先生からも，第3章の生鮮スーパーに関する研究についてコメントを頂戴し，また英語論文の投稿や国際学会の発表についてもご指導をいただいた。

　研究分野を同じくするその他多くの先生方にも，多方面でお世話になった。その名を逐一挙げることはしないが，百貨店や小売業，ファッション産業研究で著名な藤岡里圭先生（関西大学）には，個人的な指導を含めお世話になったことを記しておきたい。はじめて実施した企業調査も，藤岡先生のご支援のおかげで実現した。藤岡先生は，その後も，日本のアパレル企業に加え，ベトナムと中国の小売企業・eコマース企業・縫製工場への企業調査にも誘ってくださった。アメリカの著名な百貨店研究者，Vicki Howard 氏との交流も，藤岡先生のおかげで生まれたものである。

　本書の出版にあたっては，京都大学総長裁量経費「若手研究者への出版助成事業」による助成を受けた。上述の総長裁量経費採択に際し，京都大学大学院経済学研究科のご支援をいただいたことに感謝を表したい。博士学位の取得後，上海対外経貿大学に任期付きの職を得ることができたが，中国の大学で日本語の図書への助成を得ることは難しく，出身大学からの支援がなければこれほど早く単著を刊行することはできなかっただろう。京都大学は，研究者としての価値観を育ててくれた文字通りの母校であり，京都大学からは，研究資料の入手，国際学会への参加，英語論文投稿，企業調査など多面にわたり，さまざまな支援制度による支援をいただいた。

　京都大学学術出版会の関係者の方々にも，心よりのお礼を申し上げたい。

編集長の鈴木哲也さんは，本書の出版を引き受けてくださり，しかも編集を
も自らご担当してくださったばかりか，著者の拙い日本語を日本語らしくす
る膨大な作業を引き受けてくださった。また当初の原稿にはなかった1978
年以前の計画経済期の分析が本書に加わることになったのも，鈴木さんのご
提案のおかげである。私はそれまで，計画経済期については本格的に取り組
んだことがなかったが，鈴木さんのご提案で着手してみると，意外と面白い
資料が発見できたばかりか，改革開放後の変化を市場経済への回帰として位
置づけ，これに新しい意味を付すことができた。本書を書き終え，鈴木さん
のご提案に従って本当に良かったと感じている。また入稿後は，編集者の大
橋裕和さんが，残りの作業を引き継いでくださった。助成金の予算執行日程
の厳しさを私が十分に認識していなかったためにお二人や関係者の方々に大
変なご迷惑をおかけしたが，お二人が異例の対応とスピードで公刊に漕ぎ着
けてくださったことに，お詫びとともに心よりのお礼を申し上げたい。

　最後となったが，日本に留学し，これまで研究を継続できたのは，両親の
おかげである。日本に留学しなかったならば，研究者への道に辿り着くこと
もなく，指導教員の先生方や優秀な研究者と出会うこともなかったであろう。
また，留学生として同じ心境を持っていつも励ましてくれた同期のSetia
Diartaさん，学部時代の日本語の先生で，いつも助言をくださった東重義
先生，それに，日本のあらゆることについて教えてくださった細見鈴子先生
と中川和代先生にも，この場を借りて感謝申し上げたい。

2020年2月
中国山東省にて

参考文献

1. 英語文献

Abelson, Elaine S. *When Ladies Go A-Thieving: Middle-Class Shoplifters in the Victorian Department Store*. New York: Oxford University Press, 1989.

Alexander, Andrew, Dawn Nell, Adrian R. Bailey, and Gareth Shaw. "The Co-Creation of a Retail Innovation: Shoppers and the Early Supermarket in Britain." *Enterprise & Society* 10, no. 3 (2009): 529–558.

Belisle, Donica. *Retail Nation: Department Stores and the Making of Modern Canada*. Vancouver: University of British Columbia Press, 2011.

Benson, Susan Porter. *Counter Cultures: Saleswomen, Managers, and Customers in American Department Stores, 1890–1940*. Illinois: University of Illinois Press, 1986.

Bide, Bethan. "More than Window Dressing: Visual Merchandising and Austerity in London's West End, 1945–50." *Business History* 60, no. 7 (2018): 983–1003.

Bill, Lancaster. *The Department Store: A Social History*. Leicester: Leicester University Press, 1995.

Brown, Stephen. "Institutional Change in Retailing: A Review and Synthesis." *European Journal of Marketing* 21, no. 6 (1987): 5–36.

Bucheli, Marcelo, and R. Daniel Wadhwani. *Organization in Time*. New York: Oxford University Press, 2014.

Bucklin, L.P. *Competition and Evolution in the Distributive Trades*. Englewood Cliffs, N. J.: Prentice Hall, 1972.

Burch, David, and Geoffrey Lawrence, eds. *Supermarkets and Agri-food Supply Chains*. Cheltenham: Edward Elgar, 2007.

Chan, Wellington K. K. "Personal Styles, Cultural Values and Management: The Sincere and Wing on Companies in Shanghai and Hong Kong, 1900–1941." *Business History Review* 70, no. 2 (1996): 141–166.

Collantes, Fernando. "Food Chains and the Retailing Revolution: Supermarkets, Dairy Processors and Consumers in Spain (1960 to the Present)." *Business History* 58, no. 7 (2016): 1055–1076.

Cox, H. "The Firm in the Information Age: Organizational Responses to Technological Change in the Processed Foods Sector." *Industrial and Corporate Change* 11, no. 1 (2002): 135–158.

Davis, D. "Urban consumer culture." *The China Quarterly* 183 (2005): 692–709.

Dede, Murat. An Overview of China's Fruit & Vegetables Industry Summer 2008. Ministry of Agriculture, Nature and Food Quality of the Netherlands, 2008.

Faure, Guy Olivier. "Chinese Society and its New Emerging Culture." *Journal of Contemporary China* 17, no. 56 (2008): 469–491.

Finnane, Antonia. *Changing Clothes in China: Fashion, History, Nation*. New York: Columbia

University Press, 2008.

Frederick, S. *Development and Application of a Value Chain Research Approach to Understand and Evaluate Internal and External Factors and Relationships Affecting Economic Competitiveness in the Textile Value Chain.* Doctoral dissertation. Raleigh NC: North Carolina State University, 2010.

Fujioka, R. and J. Stobart. "Global and Local: Retail Transformation and the Department Store in Britain and Japan, 1900–1940." *Business History Review* 92, no. 2 (2018): 251–280.

Gerschenkron, Alexander. "Economic Backwardness in Historical Perspective." in *The Progress of Underdeveloped Areas.* ed. by Bert F. Hoselitz, Chicago: University of Chicago Press, 1952, 3–29.

Gerschenkron, Alexander. *Continuity in History, and Other Essays.* Cambridge: Belknap Press of Harvard University Press, 1968.

Godley, Andrew C., and Haiming Hang. "Collective Financing among Chinese Entrepreneurs and Department Store Retailing in China." *Business History* 58, no. 3 (2016): 364–377.

Gomez-Del-Moral, Alejandro J. "Buying into Change: Consumer Culture and the Department Store in the Transformation(s) of Spain, 1939–1982." *Enterprise& Society* 16, no. 4 (2015): 792–810.

Guy, Clifford M. *Retail Location and Retail Planning in Britain.* Westmead: Gower Publishing, 1980.

Hamilton, Shane. *Supermarket USA: Food and Power in the Cold War Farms Race.* New Haven: Yale Universtiy Press, 2018.

Hanser, Amy. "Is the Customer always Right? Class, Service and the Production of Distinction in Chinese Department Stores." *Theory and Society* 36, no. 5 (2007): 415–435.

Harris, Leon. *Merchant princes: An Intimate History of Jewish Families Who Built Great Department Store.* New York: Harper and Row, 1979.

Hilton, Marjorie L. "Retailing the Revolution: The State Department Store (GUM) and Soviet Society in the 1920s." *Journal of Social History* 37, no. 4 (2004): 939–964.

Hollander, S.C. "The Wheel of Retailing." *Journal of Marketing* 25, no. 1 (1960): 37-42.

Howard, Vicki. *From Main Street to Mall: The Rise and Fall of the American Department Store.* Philadelphia: University of Pennsylvania Press, 2015.

Howard, Vicki. "'The Biggest Small-Town Store in America': Independent Retailers and the Rise of Consumer Culture." *Enterprise & Society* 9, no. 3 (2008): 457–486.

Iarocci, Louisa. *The Urban Department Store in America, 1850–1930.* Surrey: Ashgate Publishing, 2014.

Jones, R. "Consumers' Co-operation in Victorian Edinburgh: The Evolution of a Location Pattern." *Transactions of Institute of British Geographers* 4, no. 2 (1979): 292–305.

Kipping, Matthias, Wadhwani, R. Daniel, and Bucheli, Marcelo. "Analyzing and Interpreting Historical Sources: A Basic Methodology." in *Organization in Time.* ed. by Marcelo Bucheli and R. Daniel Wadhwani, New York: Oxford University Press, 2014, 305–329.

Klassen, Henry C. "T. C. Power and Bro.: The Rise of a Small Western Department Store, 1870–1902." *Business History Review* 66, no. 4 (1992): 671–722.

McNair, M.P. "Significant Trends and Development in the Postwar Period." in *Competitive*

Distribution in a Free High-Level Economy and its Implications for the University. ed. by A. B. Smith, Pittsburgh: University of Pittsburgh Press, 1958, 30–39.

McNair, M.P. and E. G. May. *The Evolution of Retail Institutions in the United States.* Cambridge: Marketing Science Institute, 1976.

Miller, Michael B. *The Bon Marché: Bourgeois Culture and the Department Store, 1869– 1920.* Princeton: Princeton University Press, 1981.

Morelli, Carlo. "Britain's most Dynamic Sector? Competitive Advantage in Multiple Food Retailing." *Business and Economic History* 26, no. 2 (1997): 770–781.

Nielsen, O. "Developments in Retailing." in *Readings in Danish Theory of Marketing.* ed. by M. Kjaer-Hansen, Amsterdam: North Holland Publishing Company, 1966, 101–115.

Niu, BZ, L. Chen, and J. Zhang. "Sustainability Analysis of Supply Chains with Fashion Products Under Alternative Power Structures and Loss-Averse Supplier." *Sustainability* 9, no. 6 (2017): 995–1014.

North, Douglass Cecil. *Institutions, Institutional Change and Economic Performance.* Cambridge: Cambridge University Press, 1990.

Pasdermadjian, Hrant. *The Department Store: Its Origins, Evolution and Economics.* London: Arno Press, 1954.

Roberts, Evan. "'Don't Sell Things, Sell Effects': Overseas Influences in New Zealand Department Stores, 1909–1956." *Business History Review* 77, no. 2 (2003): 265–289.

Santink, Joy L. *Timothy Eaton and the Rise of His Department Store.* Toronto: University of Toronto Press, 1990.

Scarpellini, Emanuela. "Shopping American-Style: The Arrival of the Supermarket in Postwar Italy." *Enterprise and Society* 5, no. 4 (2004): 625–668.

Scranton, Philip. *Entepise, Organization, and Technology in China: A Socialist Experiment, 1950–1971.* London: Palgrave Macmillan, 2019.

Singh, Sukhpal and Naresh Singla. "Fresh Food Supermarkets in India: An Analysis of their Inclusiveness and Impact on Primary Producers." *Millennial Asia* 2, no. 1 (2011): 65–91.

Staritz, Cornelia and Morris, Mike. "Global, Value Chains in Apparel: Still a Path for Industrial Development?" In *Routledge Handbook of Industry and Development.* ed. by John Weiss and Micheal Tribe, New York: Routledge, 2016, 222–239.

Stobart, Jon. "Cathedrals of Consumption? Provincial Department Stores in England, c.1880– 1930." *Enterprise & Society* 18, no. 4 (2017): 810–845.

Tillotson, James. "Whole Foods Market: Redefining the Supermarket Experience." *Nutrition Today* 41, no. 2 (2006): 67–69.

Veblen, Thorstein. *Imperial Germany and the Industrial Revolution.* New York: Augustus M. Kelly, 1915 (Reprinted in 1964).

Wadinambiaratchi, G.H. "Theories of Retail Development." *Social and Economic Studies* 21 (1972): 391–403.

Wang, Shucui. "Improving China Department Stores through Total Quality Management." *The Chinese Economy* 50, no. 2 (2017): 128–138.

Williams, Bridget. *The Introduction of Self-service Format into J. Sainsbury.* Unpublished doctoral dissertation, University of Reading, 2009.

Xu, Xinpeng. "Have the Chinese Provinces Become Integrated Under Reform?" *China*

Economic Review 13, no. 2 (2002): 116-133.

Yee, Alfred. *Shopping at Giant Foods: Chinese American Supermarkets in Northern California*. Seattle: University of Washington Press, 2003.

Zhao, Xiande, Changhong Bai, and Y. V. Hui. "An Empirical Assessment and Application of SERVQUAL in a Mainland Chinese Department Store." *Total Quality Management* 13, no. 2 (2002): 241-254.

2.　中国語文献[172]

巴傑（2012）「民国時期的店員群体研究（1920～1945）」華中師範大学博士論文。

白煜章（2012）「中国時装離世界有多遠」『小康』2012 年第 12 期，98-99 頁。

蔡栄（2008）「城市『農改超』：制度創新与市場組織化的耦合分析」『当代経済管理』第 30 巻第 5 期，30-35 頁。

蔡勇志・黄星（2002）「与狼共舞的『永輝模式』」『開放潮』2002 年第 8 期，42-43 頁。

曹班石（2015）「永輝超市的『生鮮』時速」『信息与時速』2015 年第 1 期，94-98 頁。

陳柏宇（2013）「家楽福在我国贏利模式及問題分析」『経営者』第 27 巻第 2 期，20-21 頁。

陳立平（2011）「中国百貨店的聯営制研究」『北京工商大学学報』第 26 巻第 5 期，13-18 頁。

陳敏（2004）「我国商業零售業的発展歴程及其業態変遷分析」『区域経済評論』2004 年第 10 期，36-37 頁。

陳清（2004）「福建省『農改超』的実践総結与理論思考」『華東経済管理』第 18 巻第 1 号，11-14 頁。

陳婷（2016）「生鮮超市水果防損失管理策略」『商業経済』第 483 期，40-41 頁。

程軻（2008）「生鮮超市市場営銷策略研究」『企業家天地』2008 年第 6 期，91-92 頁。

程前（2019）「新中国成立初期的河南省百貨公司研究」鄭州大学修士論文。

従樹海・張桁（1990）『新中国経済発展史・中』上海財経大学出版社。

戴化勇（2009）「我国農産品流通体制的歴史，現状及改革措施」『物流工程与管理』第 31 巻第 4 期，33-36 頁。

『当代中国商業』編集委員会（1987）『当代中国商業　上』中国社会科学出版社。

丁冬（2013）「国内男装企業多品牌戦略現状分析」『浙江紡織服装職業技術学院学報』第 3 期，73-78 頁。

董笑妍（2013）「百貨行業逆境転型」『紡織服装週刊』2013 年第 47 期，60-61 頁。

杜非・朱明琪・王蕊（1985）「実行経営承包，増添商店活力——上海市第十百貨商店実行『四自』承包責任制情況的調査」『財経研究』1985 年第 3 期，68-69 頁。

杜穎（2009）「沃爾瑪与家楽福物流模式対比」『市場週刊：新物流』2009 年第 11 期，34-35 頁。

方虹（2001）「零售業態的生成機理与我国零售業態結構調整」『商業経済与管理』第 120 期，5-8 頁。

福建省統計局・国家統計局福建調査総隊編（各年版）『福建統計年鑑』中国統計出版社。

福建永輝集団有限公司（各期）『同道』社内誌。

龔国鈞（1993）「『四放開』促進了大発展」『上海企業』1993 年第 4 期，11，41 頁。

宮玉波・趙宝廷（2008）「区域市場一体化的含義及其影響因素浅析」『科技情報開発与経済』第

172)　本書では，中国語の表記は人名・書名など固有名詞も含め，簡体字から日本で使用する漢字に置き換えた。ただし対応する漢字がない場合を除く。

18 巻第 27 期，120-121 頁。

広東省政協文史和学習委員会編（2015）『敢為人先—改革開放広東一千個率先』人民出版社。

郭伝周編（2003）『北京市百貨大楼・北京王府井百貨（集団）股份有限公司発展史』企業内部資料，北京首都図書館所蔵。

郭加玉（2015）「従漸進式改革到全面深化改革看我国経済体制発展走向」『改革与開放』2015 年第 7 期，33-34 頁。

国家計画委員会統計局（1976）『農業学大寨農業生産状況分県統計資料』国家計画委員会統計局出版。

国家統計局編（各年版）『中国統計年鑑』中国統計出版社。

韓娜（2010）「服企資本嫁接百貨業，『魚』与『熊掌』能否兼得？」『中国制衣』2010 年第 3 期，79-83 頁。

何徳華・周徳翼（2007）「消費者生鮮農産品購買行為研究」『統計与決策』2007 年第 16 期，134-136 頁。

洪濤（2002）「論我国百貨店業態調整，創新与発展」『河北経貿大学学報』2002 年第 4 期，62-67 頁。

洪濤（2016）「従百貨店業態『異化』看業態創新」『時代経貿』2016 年第 20 期，6-7 頁。

侯雋（2013）「LILY『洋装』抗衡 Zara，Gap」『中国経済週刊』2013 年第 34 期，79-83 頁。

胡晶・呂楊（2014）「韓都衣舎的上百個『子公司』」『紡織服装週刊』2014 年第 37 期，80-81 頁。

Jane（2004）「服装市場：波瀾起伏」『中国紡織』2004 年第 1 期，182-185 頁。

紀宝成・陳甬軍（2007）『中国統一市場新論』中国人民大学出版社。

済南百貨大楼企業誌編写組（1984）「済南市百貨大楼企業誌」企業内部資料。

済南華聯商厦集団股份有限公司（各年版）『華聯風采』社内誌。

済南市档案局編（2005）『済南開埠百年』中国民族撮影芸術出版社。

済南市史誌弁公室（各年版）『済南年鑑』済南出版社。

済南市統計局（各年版）『済南統計年鑑』中国統計出版社。

蒋琇（2019）「三代通信人的伝承：見証祖国旧貌換新顔」『中国電信業』2019 年第 5 期，31-33 頁。

李炳生（2010）『1949-1965 年中国国営商業発展研究』貴州財経大学修士論文。

李氷瀚（2015）「大福先進装備　助力永輝物流」『中国儲運』2015 年第 7 期，66-68 頁。

李飛（2010）「中国百貨店：聯営，還是自営」『中国零售研究』第 2 巻第 1 号，1-19 頁。

李慧（2014）「生鮮超市連鎖経営的物流与供応鏈優化研究」『物流工程与管理』第 36 巻第 8 期，88-90 頁。

李基海・楊嘯（2004）「中国服装批発邁入新時代」『中国服装』2004 年第 9 期，91 頁。

李娜（2012）「四大公司与上海商業文化研究」東華大学修士論文。

李欧梵（2008）『上海摩登：一種新都市文化在中国』上海三聯書店。

李清娟・王勁（1997）「百貨店発展問題研究」『商業研究』1997 年第 11 期，12-13 頁。

李圓（2006）「百貨商的新供応鏈」『IT 経理世界』2006 年第 2 期，55-57 頁。

梁春茂・劉良燦（2003）「大型百貨店発展的現状，原因及対策」『商業研究』2003 年第 1 期，79-81 頁。

梁麗萍（2001）「中国企業家隊伍発展和成長透視—対中国企業家相関調査報告的分析」『社会学研究』2001 年第 6 期，96-108 頁。

流通創新理論与対策研究課題組（2003）「業態変遷学説及其促進我国流通創新的政策建議」『財貿経済』2003 年第 1 期，70-75 頁。

劉寧（2003）「零售業態分化与我国零售業態発展的戦略調整」『南京経済学院学報』第 121 期，22-26 頁。

劉奇（2010）「服装企業基于淘宝的 SPA 営銷模式」『合作経済与科技』2010 年第 10 期，74-75 頁。

劉威風・曹暁芳・杜世桀・許笑凡（2016）「百貨業服装商品価格構成分析及調査研究」『時代経貿』2016 年第 17 期，73-76 頁。

劉暁強（2014）「百貨店扣率与経銷商定価的内在機制研究」『江蘇商論』2014 年第 16 期，51-52 頁。

馬超（2010）『我国零售業演変的影響因素及発展趨勢研究』中国西北大学博士論文。

苗爾瀾・管萍（2009）『老済南商埠瑣記』済南出版社。

聶志紅（2014）「中国漸進式改革的三重邏輯」『理論月刊』2014 年第 7 期，35-39 頁。

潘沩（2011）「永輝超市：50 %増長的秘密」『中国民営科技与経済』2011 年第 10 期，46-47 頁。

潘遥（1988）「完善与発展商業企業承包経営責任制」『商業経済与管理』1988 年第 4 期，1-6 頁。

彭一郎（2011）「永輝：生鮮超市要做『価格殺手』」『経理人』2011 年第 10 期，90-91 頁。

斉樹峰（2012）「張軒松的創業『八字経』」『理財』2012 年第 1 期，29-30 頁。

綦婭慧（2015）「浅談民国時期上海百貨公司的女職員——以四大百貨公司為例」華東師範大学修士論文。

『商場現代化』編集部（2013）「永輝超市張軒松：売生鮮，造富豪」『商場現代化』第 722 期，22-23 頁。

上海百貨公司（1968）「上海日用百貨・文化用品消費介紹」第 30 期，1968 年 10 月。

上海百貨公司・上海社会科学院経済研究所・上海市工商行政管理局編（1988）『上海近代百貨商業史』上海社会科学院出版社。本文で（上海百貨公司他，1988）とする。

上海百貨公司・上海市工商行政管理局編（1961）『上海私営百貨商業的発生，発展和社会主義改造』（未出版資料）。本文で（上海百貨公司他，1961）とする。

『上海年鑑』編纂委員会（各年版）『上海年鑑』上海人民出版社。

上海社会科学院経済研究所編（1981）『上海永安公司的産生，発展和改造』上海人民出版社。本文で（上海社会科学院，1981）とする。

上海市档案館（1999）「上海市推銷人民勝利折実公債史料」『档案与史学』第 3 期，14-22 頁。

上海市永安公司（1952）「上海永安公司 1952 年帳簿」企業内部資料。

邵兵家（2019）『電子商務概論』高等教育出版社。

潘健・劉向東（2011）「零售業態均衡与創新的要素分析——基于零售業態価格梯度模型的研究」『商業経済与管理』2011 年第 4 期，5-12 頁。

史耀疆（2005）『制度変遷中的中国私営企業家成長研究』中国財政経済出版社。

宋則（2017）「再論零售企業自営——放棄自営，普遍聯営的歴史剖析」『中国流通経済』第 31 巻第 11 期，9-14 頁。

索菁（2012）「買手制百貨巻土重来？」『紡織服装週刊』2012 年第 27 期，74 頁。

唐偉文（2011）「永輝『鮮生』奪人差異化競争跨欄跑」『新財富』2011 年第 2 期，104-109 頁。

童国良（2007）「論『農改超』与農貿市場経営業態的提昇」『商業経済研究』2007 年第 32 号，16-17 頁。

童暁燕・董利彦・庞淑芬（2001）「我国超市発展的現状及対策」『首都経済貿易大学学報』2001 年第 5 期，42-45 頁。

汪旭暉・徐健（2009）「農村零售業態創新：一個基于東北地区農民消費行為的探索性研究」『農業経済問題』2009 年第 5 期，44-48 頁。

王成栄（2015）「零售革命背景下百貨店的転型与創新」『商業経済研究』2015 年第 7 期，7-9 頁。

王華・頼明勇・柴江芸（2010）「国際技術移転，異質性与中国企業技術創新研究」『管理世界』2010 年 12 期，131-142 頁。

王雷（2011）「我国百貨業的演化及創新——基于演化経済学視角」南京財経大学修士論文。

王敏娟（2010）「麦徳龍物流管理模式分析」『経営管理者』2010 年第 5 期，112 頁。

王暁東・呉中宝（2009）『中国流通改革：理論回顧与評述』中国人民大学出版社。

王燕平（2009）『中国百貨行業発展報告（1999 ～ 2008）』経済管理出版社。

王彦文（2014）「中国百貨店的経営現状与創新研究」『商場現代化』第 31 号，50-52 頁。

呉敬璉（2009）『当代中国経済改革教程』上海遠東出版社。

呉小丁（1999）「新『零售之輪』理論及其対我国零售業態発展的啓示」『財貿経済』1999 年第 5 期，46-49 頁。

呉小丁（2000）「我国大型百貨店衰退的原因分析」『経済縦横』2000 年第 5 期，42-45 頁。

夏燕（2010）「中国百貨商業：在調整中重新崛起」『中国服飾』2010 年第 7 期，22-23 頁。

蕭桂森（2004）『連鎖経営理論与実践』南海出版社。

蕭林（1956）『私営零售商的社会主義改造』上海人民出版社。

肖怡（2001）「中国零售業態的演進，変革与発展」『広東商学院学報』第 57 期，15-19 頁。

謝丹丹（2013）「七匹狼　全渠道基因」『中外管理』2013 年第 11 期，49-51 頁。

邢穎（1995）「日本便利商店的発展現状」『首都財貿』1995 年第 2 期，26-27 頁。

晏維龍（2003）「零售営銷策略組合及零售業態多様化」『財貿経済』2003 年第 6 期，83-86 頁。

楊偉蘊（1984）「従全国十五家百貨商店的経聯会来探討提高商業経済効益的途径」『商訊商業経済文薈』1984 年第 1 期，44-47 頁。

楊肖敏（2003）「我国超市発展現状及対策分析」『科技情報開発与経済』第 13 巻第 3 期，71-73 頁。

楊正蓮（2009）「上海永安公司的公私合営史」『中国新聞週刊』2009 年第 34 期，30-33 頁。

葉燕・林萍（2004）「『農改超』中的物流現象研究——従福州永輝超市物流看我国『農改超』」『福建行政学院学報』2004 年第 12 期，74-76 頁。

『郵電企業管理』資料室（1983）「什麼是商業企業承包経営責任制」『郵電企業管理』1983 年第 1 期，21-22 頁。

虞宝棠（1985）「簡論一九四八年国民党政府的金元券与限価政策」『民国档案』1985 年第 2 期，105-111 頁。

余凱（2000）「我国倉儲式商場発展的現状，前景和対策」『北京工商大学学報』第 15 巻第 5 期，40-43 頁。

袁晶瑩（2016）「快進的拉夏貝爾」『二十一世紀商業評論』2016 年第 7 期，78-80 頁。

翟文婷（2017）「服飾，京東電商最後的戦役」『中国企業家』2017 年第 23 期，116-120 頁。

張東亜（2013）「Zara 門徒来自淘宝」『中国企業家』2013 年第 16 期，54-55 頁。

張雷（2015）「買手店　商場百貨突囲的新機会」『房地産導刊』2015 年第 5 期，75-77 頁。

張暁霞（2011）「我国農村零售業態創新演変探析——基于破壊性創新理論」『西北農林科技大学学報（社会科学版）』2011 年第 7 期，48-53 頁。

張正耀（2019）「小小糧票見証時代大発展」『档案記憶』2019 年第 9 期，34-38 頁。

章義偉（2011）「服装店百貨商場贏利攻略」『中国服飾』第 44 期，68-69 頁。

趙凱（2003）「中国農業経済合作組織発展研究」西北農林科技大学博士論文。

鄭毓盛・李崇高（2003）「中国地方分割的効率損失」『中国社会科学』2003 年第 1 期，64-72 頁。

中共上海市委統戦部編（1993）『中国資本主義工商業的社会主義改造』（上海巻・上），中共党史出版社。

『中国紡織工業年鑑』編集委員会（各年版）『中国紡織工業年鑑』紡織工業出版社。

中国紡織工業聯合会（2004）『中国紡織工業発展報告 2003-2004』中国紡織出版社。

鐘鳴（2004）「家楽福経営的六大策略」『経営者』第 18 巻第 7 期，58-59 頁。

朱濤（2009）「零售業態演化：基于組織能力視覚的理論分析」『商業経済与管理』2009 年第 3 期，5-10 頁。

庄東・袁倫渠・李建立（1986）『新中国工資史稿』中国財政経済出版社。

淄博市地方史誌弁公室（各年版）『淄博年鑑』山東省出版総社淄博分社。

3.　日本語文献

青木均（1999）「小売業」兼村栄哲・青木均・林一雄・鈴木孝・小宮路雅博『現代流通論』八千代出版，85-113 頁。

渥美俊一（2010）『渥美俊一チェーンストア経営論体系　理論篇 I』白桃書房。

浅見淳之（2015）「中国・農民専業合作社への参加要因の実証の試み──中国的特徴の視点から」『生物資源経済研究』第 20 号，1-40 頁。

荒川祐吉（1962）『小売商業構造論』千倉書房。

石井淳蔵・向山雅夫編著（2009）『小売業の業態革新』（シリーズ流通体系）中央経済社。

石川滋（1990）『開発経済学の基本問題』岩波書店。

石原武政（1998）「新業態としての食品スーパーの確立：関西スーパーマーケットのこだわり」嶋口充輝・竹内弘高・片平秀貴・石井淳蔵編著『マーケティング革新の時代〈4〉　営業・流通革新』有斐閣，143-169 頁。

石原武政（2000）『商業組織の内部編成』千倉書房。

伊藤元重（2004）『はじめての経済学〈下〉』日本経済新聞出版社。

今井健一・渡邊真理子（2006）『企業の成長と金融制度』（シリーズ現代中国経済 4）名古屋大学出版会。

渦原実男（2007）『日米流通のマーケティング革新』同文館。

加藤司（2014）「第 7 章　大量生産に対応した流通組織の発展」大阪市立大学商学部編『流通』（初版第 6 刷）有斐閣，147-168 頁。

兼村栄哲（1993）「小売業態の生起・発展に関する理論仮説の再検討──小売業態の類型化を前提として──」『商学研究科紀要』第 36 号，141-191 頁。

川上桃子（2012）『圧縮された産業発展：台湾ノートパソコン企業の成長メカニズム』名古屋大学出版会。

菊池敏夫（2012）『民国期上海の百貨店と都市文化』研文出版。

岸本徹也（2013）『食品スーパーの店舗オペレーション・システム：競争力構築のメカニズム』白桃書房。

岸本徹也（2015）「食品スーパーにおける小売フォーマットの系統進化に関する理論的分析枠組み──小売イノベーションのライフサイクルと個体群の進化」『流通研究』第 17 巻第 4 号，37-60 頁。

黒澤隆文・西村成弘（2016）「グローバル経営史とは何か」橘川武郎・黒澤隆文・西村成弘編著『グローバル経営史：国境を越える産業ダイナミズム』名古屋大学出版社，90-110 頁。

呉贇（2015）「『洋躍進』の失敗と管理問題の発見──1970 年代末中国における海外技術の導入」原口俊道編著『亜東経済国際学会叢書 18　亜洲産業発展與企業管理』昱網科技出版，300-315 頁。

小川進（1993）「小売商業形態変化研究の現状と課題」『経営・研究年報』第 39 巻，219-245 頁。

呉軍（1998）「中国における生鮮食料品をめぐる自由市場とスーパーマーケットの競争」『経営研究』第 49 巻第 3 号，43-57 頁。

近藤公彦（1998）「小売商業形態論の課題—業態変動のミクロ基礎—」『流通研究』第 1 巻第 2 号，44-56 頁。

坂川裕司（1997）「小売機関発展論の体系的研究枠組み—文献展望を通じて」『六甲台論集』第 43 巻第 3 号，37-57 頁。

坂田隆文（2002）「変容する小売業態」『流通研究』第 5 巻第 2 号，63-75 頁。

坂本秀夫（2001）『現代流通の解読』同友館。

笹川洋平（1994）「小売商業形態展開研究の再検討—一つの文献研究—」『福岡大学商学論集』第 38 巻第 4 号，479-499 頁。

塩地洋編著（2008）『東アジア優位産業の競争力——その要因と競争・分業構造——』ミネルヴァ書房。

島永嵩子（2012）「中国における百貨店のストア・イメージ：中国三大都市を対象とした実態調査を中心として」『神戸学院大学経営学論集』第 9 巻第 1 号，55-68 頁。

志村治美・奥島孝康編著（1998）『中国会社法入門——進む企業改革と経営近代化』日本経済出版社。

朱洪双（2013）「中国百貨店の聯営制に関する一考察——百貨店経営への弊害についての検討」『近畿大学商学論究』第 13 巻第 1 号，21-43 頁。

朱洪双（2014）「中国の大型百貨店における聯営制の形成と制度化の過程——改革開放後の流通政策の変遷と百貨店の経営活動を中心に」『商経学叢』第 60 巻第 2・3 号，105-130 頁。

朱克宇（2016）「中国における百貨店の現状分析と今後の方向」『専修大学商学研究所報』第 48 巻第 2 号，1-44 頁。

周藤亜矢子（2012）「小売業の中国進出と現地従業員の育成：蘇州泉屋百貨店の事例から」『日本国際秘書学会研究年報』第 19 号，27-42 頁。

白石善章（1977）「小売商業形態展開の理論—『小売の輪』論と『真空地帯』論—」『季刊消費と流通』第 1 巻第 1 号，88-93 頁。

沈寿官（2006）「中国におけるコンビニエンス・ストア業態の現状と課題」『流通』第 19 号，24-28 頁。

末田智樹（2010）『日本百貨店業成立史：企業家の革新と経営組織の確立』ミネルヴァ書房。

末廣昭（2000）『キャッチアップ型工業化論：アジア経済の軌跡と展望』名古屋大学出版会。

杉野仁司（2009）「中国流通チャネルにおける代理商の企業間関係の形成：瀋陽市における事例研究」『国際ビジネス研究』第 1 巻第 2 号，117-132 頁。

鈴木安昭（2010）『新・流通と商業』（第 5 版）有斐閣。

鈴木良隆（2015）「経営史の方法」経営史学会編『経営史学の 50 年』日本経済評論社，1-11 頁。

関根孝（2009）「中国大都市の流通近代化の現状」矢作敏行・関根孝・鍾淑玲・畢滔滔編著『発展する中国の流通』白桃書房，225-255 頁。

庄紅娟（2004）「中国の企業家活動における伝統と革新——1930 年代の民族紡績業の経験」『経営史学』第 38 巻第 4 号，30-55 頁。

高嶋克義（2003）「小売業態革新の分析枠組み」『国民経済雑誌』第 187 巻第 2 号，69-83 頁。

高嶋克義・西村順二（2010）『小売業態革新』千倉書房。

竹内慶司（2001）『商店経営学の分析枠組』同友館。

趙暉（2009）「小売業態に関する諸理論の検討」『現代社会文化研究』第 44 号，171-186 頁。

竇少杰（2009）「計画経済期の中国国営企業の経営管理と工会の苦闘：政・使・労の力関係を
　　めぐって」『評論・社会科学』第 88 号，61-101 頁。

湯進（2016）「中国自動車産業のキャッチアップ工業化」『専修経済学論集』第 51 巻第 1 号，
　　79-111 頁。

鳥羽達郎（2001）「小売業態の革新性に関する一考察」『星陵台論集』第 33 巻第 3 号，35-57 頁。

中井英基（1996）『張謇と中国近代企業』北海道大学図書刊行会。

中内潤・御厨貴編（2009）『中内功──生涯を流通革命に献げた男』千倉書房。

日本流通学会編（2008）『現代流通事典』白桃書房。

日向裕弥（2003）「中国の外資導入と日系企業の対中投資」大原盛樹編『中国の台頭とアジア
　　諸国の機械関連産業』日本貿易振興会アジア経済研究所，33-52 頁。

藤岡里圭（2006）『百貨店の生成過程』有斐閣。

藤岡里圭（2016）「ファストファッションの台頭と百貨店の岐路」橘川武郎・黒澤隆文・西村
　　成弘編著『グローバル経営史：国境を越える産業ダイナミズム』名古屋大学出版社，90-
　　110 頁。

藤岡里圭（2017）「高度成長と大規模小売業の多様化」廣田誠・山田雄久・木山実・長廣利崇・
　　藤岡里圭著『日本商業史──商業・流通の発展プロセスをとらえる』有斐閣，247-266 頁。

白寅秀（1999）「大衆消費市場の成立と小売業態の変容」『経営史学』第 34 巻第 3 号，49-75 頁。

白貞壬（2006）『韓国における生鮮食料品流通システム──大型小売商の成長と卸売市場の機
　　能との関係を中心として」『商学討究』第 57 巻第 1 号，183-207 頁。

寶劍久俊・佐藤宏（2009）「中国における農業産業化の展開と農民専業合作組織の経済的機能：
　　世帯・行政村データによる実証分析」，Global COE Hi-Stat Discussion Paper Series 086。

ホランダー，S. C.（嶋口充輝訳）（1979）「小売の輪仮説について」『季刊消費と流通』第 3 巻
　　第 1 号，99-104 頁。

堀井伸浩（2013）「風力発電設備産業：キャッチアップ過程に政策の果たした機能」渡邊真理
　　子編著『中国の産業はどのように発展してきたか』勁草書房。

丸川知雄（2013）『現代中国経済』有斐閣アルマ。

宮内拓智（2013）「日本型流通の変容と卸売市場流通システムの適応過程」『成美大学紀要』第
　　4 巻第 1 号，37-54 頁。

向山雅夫（1985）「小売商業形態展開論の分析枠組(I)─諸仮説の展望─」『武蔵大学論集』第
　　33 巻第 2・3 号，127-144 頁。

向山雅夫（1986）「小売商業形態展開論の分析枠組(II)─分析次元とその問題点─」『武蔵大学論
　　集』第 33 巻第 4 号，17-45 頁。

森下二次也（1995）『流通組織の動態』千倉書房。

安室憲一（2006）「食品スーパーのビジネスモデル──ボンプレウ（スペイン）の競争戦略」
　　『商大論集』第 57 巻第 3 号，63-75 頁。

矢作敏行（1996）『現代流通』有斐閣。

矢作敏行（2007）『小売国際化プロセス──理論とケースで考える』有斐閣。

矢作敏行（2011）「流通パラダイムの転換」矢作敏行編著『日本の優秀小売企業の底力』日本
　　経済新聞社。

李瑞雪・李煜（2010）「農貿市場の進化にみる中国生鮮農産品流通システムの高度化──成都
　　聚合農産品物流センターのケースを手掛かりに」『富大経済論集』第 56 巻第 2 号，231-
　　256 頁。

索　引

著者紹介

石　鋭（せき えい，SHI Rui）

1989 年　中国山東省に生まれる
2018 年　京都大学大学院経済学研究科博士後期課程修了　博士（経済学）学位取得
2019 年　上海対外経貿大学専任講師に就任，現在に至る
専門分野：中国経営史，流通史，小売業研究
主要著作：「改革開放後の中国における百貨店の変容とその革新――上海市，済南市，
　　　　　淄博市を事例とした地域性の比較分析」（『アジア経営研究』第 23 号，2017
　　　　　年 8 月，153-168 頁），「済南市における小売業の近代化――中国地方中核都
　　　　　市における流通近代化の一考察」（『中国研究月報』第 71 巻第 12 号，2017
　　　　　年 12 月，21-38 頁）。

（プリミエ・コレクション108）

改革開放と小売業の創発
　　──移行期中国の流通再編

2020年 3 月31日　初版第一刷発行

著　者　　石　　　　　鋭

発行人　　末　原　達　郎

発行所　　京都大学学術出版会
　　　　　京都市左京区吉田近衛町69
　　　　　京都大学吉田南構内（〒606-8315）
　　　　　電話　075（761）6182
　　　　　FAX　075（761）6190
　　　　　URL　http://www.kyoto-up.or.jp
　　　　　振替　01000-8-64677

印刷・製本　　亜細亜印刷株式会社

装　丁　　谷なつ子

©SHI Rui 2020　　　　　　　　　　　　　　　Printed in Japan
ISBN 978-4-8140-0271-9　　　　　定価はカバーに表示してあります